山东省自然科学基金项目研究成果（项目批准号：ZR2021

# 开放式创新平台
# 社会关系网络与用户创新研究

陈佳丽◎著

经济管理出版社
ECONOMY & MANAGEMENT PUBLISHING HOUSE

图书在版编目（CIP）数据

开放式创新平台社会关系网络与用户创新研究/陈佳丽著.—北京：经济管理出版社，
2023.11
ISBN 978-7-5096-9504-3

Ⅰ.①开… Ⅱ.①陈… Ⅲ.①网络公司—研究 Ⅳ.①F490.6

中国国家版本馆 CIP 数据核字（2023）第 244473 号

组稿编辑：张馨予
责任编辑：张馨予 张玉珠
责任印制：张莉琼
责任校对：王淑卿

出版发行：经济管理出版社
　　　　　（北京市海淀区北蜂窝 8 号中雅大厦 A 座 11 层　100038）
网　　　址：www. E-mp. com. cn
电　　　话：（010）51915602
印　　　刷：唐山昊达印刷有限公司
经　　　销：新华书店
开　　　本：720mm×1000mm/16
印　　　张：12.25
字　　　数：204 千字
版　　　次：2024 年 3 月第 1 版　　2024 年 3 月第 1 次印刷
书　　　号：ISBN 978-7-5096-9504-3
定　　　价：98.00 元

# 前　言

自 2003 年 Chesbrough 教授提出开放式创新概念以来，开放式创新已经逐渐替代以往的封闭式创新，成为当前企业创新的重要范式。基于互联网而建立的交互型开放式创新平台成为企业进行开放式创新的主要阵地。开放式创新平台突破了地域和时空限制，将企业外部创新知识和资源拓展到全球范围，为企业的开放式创新活动提供了最大限度的支持和服务，对企业集聚创新资源、降低创新成本、提升创新绩效起到重要的支撑作用。目前，国内外众多企业自建的开放式创新平台已初具规模，如国外的戴尔、星巴克、乐高，国内的美的集团和海尔集团等，但不同平台的创新产出仍存在较大差异，亟须相关理论指导平台进一步提高用户创新产出。

对开放式创新平台而言，促进用户产出更多优质创新成果进而被企业利用，是企业建立开放式创新平台的最终目的。创新用户基于共同的兴趣和创新意愿聚集在开放式创新平台中，围绕创意展开各种交互活动并建立起彼此之间的联系，由此构成创新用户的社会关系网络。创新用户之间的交互关系一方面可以促进用户建立信任和互惠规范，提高用户参与；另一方面可以帮助用户获取社会关系中有价值的创新资源（如创新知识），进而形成用户的社会资本。好的社会资本将有利于提高用户创新。因此，分析创新用户基于交互行为形成的社会关系网络及其对用户创新的影响，对开放式创新平台至关重要。

鉴于以往研究对用户交互的测量多停留在是否存在用户交互，或采用问卷法粗略地、定性地描述用户交互关系，本书通过全面获取用户交互数据来构建社会关系网络，进而准确描述和刻画开放式创新平台中的用户交互。同时，综合运用社会网络分析和多种实证回归模型，基于社会资本理论和互联网交互关系的特性，从创新数量和创新质量两个方面综合衡量用户创新产出，揭示用户基于开放式创新平台的交互关系对用户创新的影响机理。本书研究结论将指导开放式创新平台更好地进行用户管理，提高创新产出。具体而言，本书从以下四个方面开展研究：

（1）开放式创新平台社会关系网络构建及特征分析。构建社会关系网络是研究社会网络对用户创新影响的基础。选取开放式创新平台的典型代表（乐高的LEGO Ideas 平台）并获取平台公开的用户交互数据（共 20 多万条），进而利用Python 的 NetworkX 社会网络分析包根据用户的交互数据构建社会关系网络，并分别从网络整体和微观个体角度对社会网络特征进行分析。

（2）开放式创新平台的用户互惠实证研究。互惠是社会关系网络产生社会资本的前提，通过明晰开放式创新平台的用户互惠模式，为后文研究社会关系网络对用户创新的影响奠定理论基石。实证结果发现：开放式创新平台中存在普遍的用户互惠行为和规范，用户通过主动施惠的方式（主动认可他人创意项目）可以换回他人的互惠型回报（自身创意项目被他人认可）。同时，用户互惠通过声誉机制对互惠效果产生影响，施惠用户的声誉越高就会获得越多回报。进一步地，基于社会网络分析计算用户互惠度，佐证了用户互惠的实证发现。

（3）开放式创新平台社会关系网络影响用户创新数量的实证研究。基于社会资本理论，从结构维度和关系维度选取社会网络指标，利用前期构建的社会关系网络计算结构维度社会网络指标（网络中心性、网络桥梁位置）和关系维度指标（关系强度），深入探讨社会关系网络对用户创新数量的影响。实证结果发现：网络中心性、网络桥梁位置、关系强度均正向影响用户创新产出数量，说明开放式创新平台中的用户交互关系同样包含社会资本，从而有助于用户产出更多创新成果。同时，还发现了关系强度的调节作用，高关系强度会深化桥梁位置异质创新知识资源的交换，使桥梁位置发挥出更大的创新效用。

（4）开放式创新平台社会关系网络影响用户创新质量的实证研究。以往研究对社会网络关系能否提高创新产出质量存在分歧，影响机理尚不明确。本书发现了影响用户创新质量的关键社会网络因素——社会关系质量，通过将其概念化和指标化，实证了社会关系质量对用户创新质量的正向显著影响。同时，还深入讨论了优质社会关系和普通社会关系对提高用户创新质量、降低创意被淘汰率的异质作用，只有优质社会关系才有显著作用，普通社会关系并不能发挥作用，阐明了社会关系网络影响用户创新质量的具体机理。

本书的创新性主要体现在以下几个方面：

第一，通过构造社会关系网络，系统揭示开放式创新平台用户交互关系对用户创新的影响机理。本书通过社会网络分析法，将用户交互关系用数学的方式进行清晰表达，将用户互惠、用户结构位置、关系强度、关系质量等理论概念转化为可准确测度的指标，通过多种实证回归模型，明晰了开放式创新平台社会网络如何影响用户创新的数量和质量。

第二，综合利用回归分析和社会网络分析研究用户互惠，发现开放式创新平台中存在普遍的用户互惠，并且用户声誉越高，互惠效果越好。互惠是用户参与创新和共享创新知识的重要前提，以往研究多以问卷法测量用户互惠，本书开拓了综合利用回归分析和社会网络分析研究用户互惠的途径，并对开放式创新平台用户互惠行为进行了深入分析和挖掘。

第三，从结构维度和关系维度对开放式创新平台社会关系网络进行衡量，发现网络中心性、网络桥梁位置和关系强度均正向影响用户创新，同时关系强度还兼具调节作用。其中，结构维度指标（网络中心性、网络桥梁位置）对用户创新的影响与线下网络一致，而关系维度指标（关系强度）的影响与线下网络不一致。社会资本理论的关系强度命题认为，"弱联系"更利于信息间的交流和传递，并发挥一定桥梁作用，本书分别对网络桥梁位置和关系强度进行测度，发现在线社会关系的关系强度并不能发挥桥梁作用，有其自身的作用机理：一方面正向影响社会资本的获取，提高用户创新数量；另一方面在网络桥梁位置对用户创新数量的影响中发挥正向调节作用。

第四，从创新知识质量角度界定社会关系质量，发现社会关系质量是决定社会关系能否提高用户创新质量的关键因素。用户所建立的社会关系存在质量差异，这是前人研究常忽略的。本书定义了社会关系质量并将其指标化，发现并非社会关系越多用户创新质量越高，只有优质社会关系才会提高用户创新质量，普通社会关系并不能提高用户创新质量，社会关系的质量属性决定了社会关系能否提高用户的创新质量。

# 目 录

# 第一章　绪论

## 第一节　研究背景与问题提出

### 一、研究背景

在互联网改变人类生活方式这个大背景下，互联网也正在改变用户参与企业创新的方式。自 Chesbrough（2003）教授提出开放式创新理论①以来，开放式创新正逐步替代以往的封闭式创新，成为当前企业创新的重要范式。开放式创新强调打破组织边界，积极从企业外部获取创新源，综合利用企业内外部所有创新资源形成一个大的创新系统，从而降低企业技术创新的不确定性，提高创新效率，这对企业创新具有重要的战略意义（陈钰芬，2009；West et al.，2014）②③。在开放式创新模式下，企业可以通过搜索、获取与整合外部的知识或技术，与组织外部环境进行有效的互动，并对现有知识进行重新配置，通过集成

---

① Chesbrough H W. Open Innovation：The New Imperative for Creating and Profiting from Technology［M］. Boston：Harvard Business Press，2003.

② 陈钰芬. 开放式创新：提升中国企业自主创新能力［J］. 科学学与科学技术管理，2009（4）：81-86.

③ West J, et al. Open Innovation：The Next Decade［J］. Research Policy，2014，43（5）：805-811.

内外部所有创新资源来共同创造价值，提升企业的创新能力或绩效（Enkel et al.，2009；陈劲，2013）①②。

2014 年的一项调查显示，78% 的欧美大型企业都开始转向开放式创新（Chesbrough and Brunswicker，2014）③，而鉴于开放式创新涉及知识、资源、行为等方面的全面互动与耦合，需要基于互联网的开放式创新平台这一载体与机制来支撑。开放式创新平台是指一个能够提供数字化服务的虚拟环境，创新者基于共同的兴趣爱好和创新意愿聚集在这个虚拟环境中，创新者之间可以通过评论和回复、加为好友、投票支持等方式进行自由交互，促进更多创新的产生（Haller-stede，2013）④。基于互联网的开放式创新平台打破了地域和时空限制，可将企业外部创新知识资源的范围拓展到全世界，为企业开放式创新提供最大限度的支持和服务，对企业集聚创新资源、降低创新成本、提升创新绩效具有重要的支撑作用（Gassmann et al.，2010）⑤。企业可以结合自身的创新需求建立开放式创新平台，吸引外部创新用户加入到企业创新活动中来。

目前，国内外已经涌现出众多成功的开放式创新平台先例。例如，戴尔公司建立 Idea Storm 平台，不断收集来自用户的各种创意和改进意见，并将其应用于产品的设计和改进。截至 2018 年 7 月，Idea Storm 已经收到超过 28000 名用户提交的创意，超过 550 个创意和改进意见已经被采纳，这些创意和改进意见最终在戴尔的新产品中被体现。乐高集团建立 LEGO Ideas 平台，吸引全球的乐高玩家参与开发新的积木套装，通过乐高评审的原创积木套装将会被乐高商业化生产，同时乐高会给原创者以丰厚的奖励。借助 LEGO Ideas 平台，乐高成功吸引了众多乐高粉丝的加入，截至 2018 年 12 月平台已拥有超过 100 万注册用户，平台用

① Enkel E, Gassmann O, Chesbrough H. Open R&D and Open Innovation：Exploring the Phenomenon ［J］. R&D Management，2009，39（4）：311–316.

② 陈劲. 创新管理及未来展望 ［J］. 技术经济，2013（6）：1–9+84.

③ Chesbrough H, Brunswicker S. A Fad or a Phenomenon?：The Adoption of Open Innovation Practices in Large Firms ［J］. Research-Technology Management，2014，57（2）：16–25.

④ Hallerstede S H. Managing the Lifecycle of Open Innovation Platforms ［M］. New York：Springer Science & Business Media，2013.

⑤ Gassmann O, Enkel E, Chesbrough H. The Future of Open Innovation ［J］. R&D Management，2010，40（3）：213–221.

户累计发布原创积木作品超过 30000 项，其中 30 多个项目已经或即将进入生产和销售，多款套装在市场上畅销不衰，如 WALL·E 系列和 LEGO Minecraft 系列等。同时，中国的海尔集团、美的集团也纷纷建立自己的开放式创新平台，鼓励用户参与产品创新，并选取好的创新用于新产品开发。

然而，并非所有开放式创新平台都能如此成功，很多平台仍面临平台用户活跃度低、创新产出不足、创新质量欠佳等问题。如何提高用户参与，促进用户产出更多优质创新成果，最终被企业吸收和采纳融入企业创新中，是开放式创新平台企业当前面临的重要挑战，亟须相关理论指导。

### 二、问题提出

#### （一）用户交互与用户创新

创新用户是开放式创新平台中的创新主体，这些创新用户虽然彼此可能并不认识，但基于共同的兴趣和创新意愿聚集在一起，愿意主动围绕创意展开各种交互活动。这些创新用户之间的往复交互，形成了基于开放式创新平台的社会关系网络。

已有研究表明，互联网开放式创新平台中的用户交互关系会促进用户之间进行知识分享，进而促进用户的创新产出，这暗示着创新用户基于互联网形成的社会网络具有提高用户创新的作用（Toral et al.，2010；王莉、任浩，2013）[1][2]。用户交互关系对用户创新的作用具体体现在以下两个方面：一是用户交互可以促进用户之间建立亲密感和信任感，有利于平台互惠规范的形成，创造一个互动、合作、信任的环境，使用户更愿意在平台中进行知识分享，并且贡献创意。二是用户交互会加速平台中的创新知识共享和交换，有利于用户通过向他人学习产生创新。对创新用户而言，其所拥有的创新知识资源是其产出创新成果的重要知识输入，与其他创新者进行互动和学习是建构自身创新知识的一种重要方式

① Toral S L, Martínez-Torres M R, Barrero F. Analysis of Virtual Communities Supporting OSS Projects Using Social Network Analysis [J]. Information & Software Technology, 2010, 52 (3): 296-303.

② 王莉，任浩. 虚拟创新社区中消费者互动和群体创造力——知识共享的中介作用研究 [J]. 科学学研究，2013 (5): 702-710+701.

（Akcigit et al.，2018）①。基于互联网搭建的开放式创新平台为创新者之间的沟通和交流，以及知识共享提供了绝佳的虚拟环境，有利于创新用户获取他人创新知识资源，形成自身创意点，从而提高用户创新产出。

然而，多数研究对用户交互的测量仍停留在是否存在用户交互层面，或采用问卷法粗略地、定性地描述用户交互关系，并没有采用如社会网络分析法之类的方法来清晰准确地刻画和描述用户之间的交互关系，因此也就无法厘清在线用户交互与用户创新之间的确切关系。

（二）社会关系网络与用户社会资本

社会网络理论认为，个体之间的社会网络关系，以及个体所在的社会网络结构，将会对个体的行为产生重要影响（Wasserman and Faust，1994）②。社会网络的引入为创新研究提供了新的视角，众多研究已经表明，个体之间的交互及由此形成的网络关系显著影响个体的知识产出和创新绩效水平，如 Cross 和 Cummings（2004）、Yang 和 Li（2016）、Zhou 等（2009）的研究③④⑤。

社会资本理论是社会关系网络影响创新产出的理论基础，社会资本理论关注嵌入在个体社会网络中的资源，以及如何通过建立的社会关系获取和使用这些资源实现自身目的（如创新）（Coleman，1990）⑥。对用户创新来讲，有价值的资源即网络中其他用户所拥有的差异化创新知识和资源，用户可以通过获取社会网络中的这些资源增加自身创新知识和资源，从而促进创新产出（Nahapiet and

① Akcigit U，et al. Dancing with the Stars：Innovation through Interactions［R］. 2018.

② Wasserman S，Faust K. Social Network Analysis：Methods and Applications［M］. Cambridge：Cambridge University Press，1994.

③ Cross R，Cummings J N. Tie and Network Correlates of Individual Performance in Knowledge-Intensive Work［J］. The Academy of Management Journal，2004，47（6）：928-937.

④ Yang X，Li G. Factors Influencing the Popularity of Customer-Generated Content in a Company-Hosted Online Co-Creation Community：A Social Capital Perspective［J］. Computers in Human Behavior，2016（64）：760-768.

⑤ Zhou J，et al. Social Networks，Personal Values，and Creativity：Evidence for Curvilinear and Interaction Effects［J］. Journal of Applied Psychology，2009，94（6）：1544-1552.

⑥ Coleman J S. Foundations of Social Theory［M］. Cambridge，MA：Belknap Press of Harvard University Press，1990.

Ghoshal，1998）①。社会网络的特征（网络大小、密度、多样性等）、个体在网络中的位置（中心性、结构洞等），以及社会关系的强度等，都会影响个体获取异质性信息的能力和机会，继而影响个人的创新产出绩效。

有一点必须注意，社会资本理论是基于人与人之间的传统线下交互关系而提出的。由于互联网的开放性、虚拟性、共享性、无时空限制等特性，互联网社会资本与传统线下社会资本会存在诸多差异，导致互联网社会资本的获取方式发生部分改变。正如社会资本理论的代表人林南指出："在互联网中新的社会资本规则和实践将会通过网络用户的共同参与被逐渐创造出来并得以实施。"② 因此，有必要针对互联网交互的特性，重新考虑社会资本的理论和假设，探索开放式创新平台社会关系网络影响用户创新的规则，厘清在线用户交互与用户创新之间的关系。

因此，本书通过构建创新用户关系网络准确测量用户的在线交互关系，深入探究开放式创新平台社会关系网络如何影响用户创新，总结互联网社会资本的新规则。具体而言，包括以下三个研究问题：

第一，开放式创新平台用户之间是否存在互惠，以及用户如何互惠？互惠是用户社会关系网络产生社会资本，进而影响用户创新的前提，若平台中不存在互惠规范，那么用户之间的交互关系就不会创造出有利于用户创新的社会资本。对创新用户的互惠进行深入研究，是后文研究的理论基石。

第二，在开放式创新平台中，创新用户基于交互形成的社会关系网络如何创造社会资本并影响创新用户创新？对基于互联网搭建的开放式创新平台而言，用户通过在线社会关系网络获取社会资本的方式异于现实世界中的方式，因此需要结合互联网社会资本的特殊之处，探索开放式创新平台社会关系网络影响用户创新的新规则。

第三，在开放式创新平台中，用户社会关系网络是否及如何影响创新用户产出质量？以往研究多以用户创新产出数量衡量用户创新，对用户创新质量关注较

---

① Nahapiet J, Ghoshal S. Social Capital, Intellectual Capital, and the Organizational Advantage [J]. Academy of Management Review, 1998, 23（2）: 242-266.

② 林南. 社会资本: 关于社会结构与行动的理论 [M]. 张磊, 译. 上海: 上海人民出版社, 2005.

·5·

少，并且对社会网络关系能否提高用户创新产出质量存在分歧。因此，需要找到产生分歧的原因，即影响用户创新质量的关键社会网络因素，进而探索具体影响机理。

# 第二节　研究意义

## 一、理论意义

第一，厘清在线用户交互与用户创新之间的确切关系，完善用户创新理论。已有研究表明，开放式创新平台的交互设计会促进用户之间进行知识分享，进而影响用户的创新绩效，然而尚缺乏对用户交互的准确测量和深入分析。本书利用社会网络分析法，构建用户社会关系网络，将用户之间的交互关系通过各种社会网络指标（如中心度、结构洞、关系强度、关系数量、关系质量）进行清晰刻画和准确描述，从而厘清在线用户交互与用户创新产出（数量、质量）的确切关系。

第二，基于开放式创新平台验证互联网社会资本的作用，拓展社会资本理论。本书深入分析互联网社会资本与传统社会资本的差异，提出开放式创新平台社会关系网络如何创造互联网社会资本，并影响用户创新的假设，进而通过实证进行假设检验。本书一方面检验了结构维度社会网络指标（网络中心性、网络位置）和关系维度社会网络指标（关系强度）对用户创新数量的影响；另一方面发现了关系质量属性影响用户创新质量的新命题。通过探索互联网中新的社会资本规则和实践，拓展了社会资本理论在互联网情景下的假设和命题。

## 二、实践意义

第一，指导开放式创新平台通过社会网络分析法深入分析用户交互关系。本书以乐高开放式创新平台为例构建了用户交互社会网络，同时利用社会网络分析法分别从网络整体和微观个体角度，对平台用户交互关系特征进行了深入分析，为更多开放式创新平台如何深入分析用户交互关系，掌握宏观和微观用户交互特征提供了方法指导。

第二，指导开放式创新平台通过用户交互设计和管理来提高用户创新产出。本书实证了用户交互对用户创新产出的影响，并细致探讨了各维度社会关系网络指标（网络中心性、网络桥梁位置、关系强度、关系质量）对用户创新产出数量和质量的影响，识别出处于网络中心位置、具有桥梁作用的用户，并且在线交互关系强度较高、质量较优时，用户创新产出最高，从而为开放式创新平台的用户交互设计和管理提供了理论指导。

# 第三节　研究目标与研究内容

## 一、研究目标

开放式创新平台中的创新用户通过在线交互形成社会关系网络，嵌入在社会网络和社会关系中有价值的资源（差异化的信息和创新知识）形成了创新用户的社会资本，创新用户可以通过社会关系调用社会资本来提高自身的创新产出。

本书通过构建社会关系网络准确描述和刻画开放式创新平台中的用户交互关系，基于社会资本理论，深入探讨开放式创新平台的用户交互如何影响用户创新，厘清社会关系网络与用户创新之间的确切关系。首先，实证开放式创新平台存在用户互惠，并深入探索用户互惠模式，为研究用户交互社会关系网络对用户创新的影响打下理论基础；其次，基于所构建的社会关系网络计算多维度社会网络指标，并根据互联网社会资本的特性提出多维度网络指标如何影响用户创新的假设，进而综合运用社会网络分析和多种实证回归模型进行实证，揭示开放式创新平台社会关系网络影响用户创新数量和质量的机理。

## 二、主要研究内容

基于以上研究目标，本书主要开展了四项研究。

（一）开放式创新平台社会关系网络构建及特征分析

构建社会关系网络是研究社会关系网络对用户创新影响的基础。选取开放式创新平台的典型代表，通过获取平台公开的用户交互数据构建社会关系网络，进而从网络整体和个体微观角度分析平台的社会关系网络特征。

（二）开放式创新平台的用户互惠研究

用户互惠是用户交互产生社会资本的前提，本部分研究以用户之间的相互认可作为具体互惠内容，通过多个实证模型对创新用户之间的互惠模式进行深入研究。首先，建立用户施惠（主动认可他人创意）影响用户获得互惠型回报（获得他人认可）的回归模型，实证用户主动施惠可以增加用户所获回报，证明开放式创新平台创新用户之间存在互惠行为。其次，探究用户声誉对用户互惠效果的影响，分析不同用户的互惠效果存在差异的原因。再次，检验用户的主动施惠是否影响企业对自身创意的认可和采纳，明确用户互惠的作用范围。最后，利用社会关系网络计算用户互惠度，进一步验证用户互惠。

（三）开放式创新平台社会关系网络对用户创新数量的影响研究

基于本书构建的社会关系网络，利用社会网络分析法分别从社会资本的结构维度和关系维度两个方面选取社会网络指标，建立社会网络指标与用户创新之间关系的实证模型，探讨社会关系网络如何影响用户创新数量。社会资本的结构维度指的是创新用户在线交互社会网络的结构模式，可从网络中心性和网络桥梁位置两个方面来描述；社会资本的关系维度指的是创新用户之间基于历史交互所形成的社会关系的强度，可综合考虑亲密度和互动度来构建关系强度指标。首先实证结构维度和关系维度社会网络指标对用户创新的直接影响；其次探讨关系强度对网络中心性和网络桥梁位置的调节作用。

（四）开放式创新平台社会关系网络对用户创新质量的影响研究

针对社会网络关系能否提高创新产出质量这一分歧，寻找影响用户创新质量的关键社会网络因素——社会关系质量。沿用社会关系网络将社会关系质量概念化和指标化，进而实证社会关系质量对用户创新质量的影响。进而，按照社会关系质量属性将用户所建立的社会网络关系区分为优质社会关系和普通社会关系，分别探讨两种社会关系对提高用户创新质量的异质作用，揭示开放式创新平台社会关系网络影响用户创新质量的机理。

以上各研究内容之间的结构和逻辑关系如图 1-1 所示。

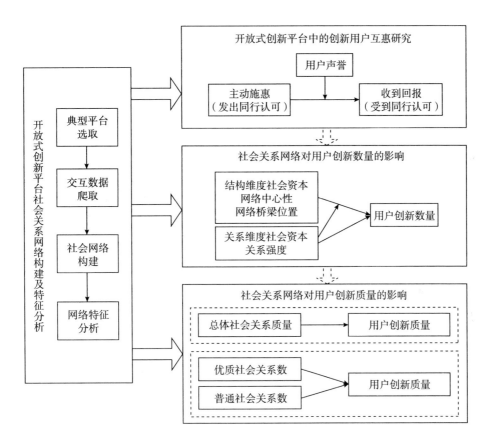

图 1-1　各研究内容之间的结构和逻辑关系

# 第四节 研究方案与方法

## 一、研究方案

本书以社会资本理论为理论指导，选取乐高的 LEGO Ideas 平台为开放式创新平台的代表，通过抓取平台中的公开数据构建创新用户的社会关系网络，综合采用社会网络分析法和多种回归分析模型，深入探究开放式创新平台的用户关系网络如何影响用户创新，揭示影响机理。具体而言，本书遵循以下技术路线，如图 1-2 所示。

本书结构安排及详细研究方案如下：

第一章，绪论。根据研究背景提出研究问题，阐述研究意义、目标和主要研究内容，说明技术路线和研究方法，以及本书研究主要创新点。

第二章，文献综述和理论基础。首先，梳理国内外相关文献研究，界定本书中开放式创新平台的内涵，综述开放式创新平台用户创新研究，以及社会网络对创新的影响，并进行评述。其次，简要介绍社会资本理论和社会网络分析方法。

第三章，开放式创新平台社会关系网络构建及特征分析。首先，根据数据可获取性和案例典型性原则，选取乐高的 LEGO Ideas 平台为开放式创新平台的代表。其次，利用 Python 软件编写爬虫对乐高平台的用户交互数据进行抓取，并对所抓取数据进行筛选和处理，得到 2043 位活跃创新用户在 2017 年的交互数据集。进而利用 Python 的 NetworkX 软件包和社会网络分析软件 Pajek 构建开放式创新平台社会关系网络，并按照用户交互动作将其分为"支持""追随""评论"三类关系网络。最后，分别从网络整体和个体微观角度分析乐高开放式创新平台的社会关系网络特征。

第四章，开放式创新平台的创新用户互惠研究。

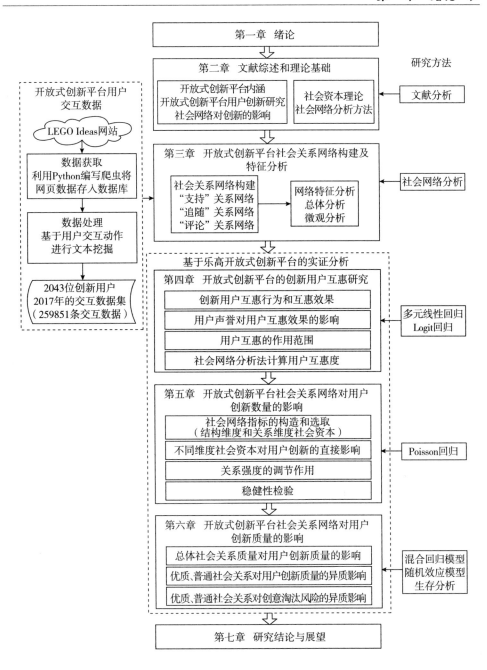

**图1-2 本书技术路线**

第一，用户互惠行为和互惠效果研究。建立用户施惠（主动认可他人创意）

影响用户获得互惠型回报（获得他人认可）的回归模型，实证用户主动施惠可以增加用户所获回报，证明开放式创新平台创新用户之间存在互惠行为。同时，分别进行10%、30%、50%的随机样本抽样，对用户互惠效果进行稳健性检验。

第二，声誉对用户互惠效果的影响研究。在用户施惠影响用户获得互惠型回报的回归模型中，加入用户声誉与用户施惠的交互项，探究用户声誉对用户互惠效果的调节作用，分析不同用户的互惠效果存在差异的原因。

第三，用户互惠的作用范围研究。建立 Logit 回归模型，检验用户的主动施惠是否影响企业对自身创意的采纳，明确用户互惠的作用范围。

第四，利用社会网络分析法进一步验证用户互惠。根据第三章构建的社会关系网络，计算创新用户的平均互惠度，并与前文的实证结果进行对比。

第五章，开放式创新平台社会关系网络对用户创新数量的影响。

第一，构建结构维度和关系维度社会资本指标。基于第三章构建的"追随"关系网络，从网络中心性和网络桥梁位置两个方面选取结构维度指标，分别选取节点中心度和结构洞网络约束系数来衡量；综合考虑创新用户之间的互动次数及亲密度，通过计算相互"追随"关系的平均交互次数，自行构建关系强度指标。

第二，实证结构维度和关系维度社会网络指标对用户创新的直接影响。以用户在开放式创新平台发布创意数量作为被解释变量，建立网络中心性、网络桥梁位置、关系强度影响用户创意数量的实证模型，并采用 Poisson 回归进行估计。

第三，实证关系强度的调节作用。在本章第二部分构建的实证模型中，加入关系强度与网络中心性的交互项，以及关系强度与网络桥梁位置的交互项，验证关系强度的调节作用。

第四，稳健性检验。新用户在注册初期所发布创意包含很多不稳定因素（如仅因为好奇随便发一个创意），通过剔除这些不稳定的创意，只保留用户稳定状态下所发布的创意，重新对本章第二部分、第三部分的实证模型进行回归估计，并将实证结果与本章第二部分、第三部分进行对比，检验结论的稳健性。

第六章，开放式创新平台社会关系网络对用户创新质量的影响。

第一，实证总体社会关系质量对用户创新质量的影响。沿用第三章构建的"追随"关系网络，根据本书研究对社会关系质量的定义计算总体社会关系质量，选取用户创意项目所获"支持"数衡量用户创新质量，在用户创意层面，建立混合回归实证模型并进行实证，同时采用随机效应模型估计法进行稳健性检验。

第二，研究不同质量社会网络关系对用户创新质量的影响。按照社会关系质量属性，将用户所建立的社会网络关系区分为优质社会关系和普通社会关系，实证两种不同质量的社会关系对提高用户创新质量的异质作用。

第三，采用生存分析技术考察不同质量社会网络关系对创意项目淘汰风险的影响。由于所选取的乐高开放式创新平台制定了多阶段淘汰机制，越优秀的创意项目越不容易被淘汰，在平台中的存活时间也就越长，这使本书研究可以利用生存分析技术来考察优质社会关系数和普通社会关系数对创意项目淘汰风险的异质影响，进一步验证两种不同质量的社会关系的异质作用。

第七章，研究结论与展望。总结全书研究工作，阐述研究结论，提出管理建议，并指出研究局限，以及展望未来。

## 二、研究方法

### （一）文献分析法

掌握现有研究现状是提出研究问题的基础，本书通过文献检索的方法，深入阅读、归纳和总结相关文献的研究脉络和进展，在总结开放式创新平台内涵的基础上，掌握国内外开放式创新平台用户创新研究现状，以及社会网络对创新影响的相关研究现状，找出现有研究的不足，确定本书的研究问题。

### （二）社会网络分析法

社会网络分析法是将社会理论、数学、统计学及计算方法论有机结合，用于研究个体之间的动态关系和这些关系模式（即社会结构）的方法（林聚任，2009)[①]。社会网络分析法提供了一种精确定义社会概念的方法，使众多社会结构属性可以用数学方法被明确表述和测度，进而可以用来描述一个群体的结构，以及这种结构如何影响群体运作、个体的行为或特征（Wasserman and Faust，1994)[②]。

---

[①]　林聚任. 社会网络分析：理论、方法与应用［M］. 北京：北京师范大学出版社，2009.

[②]　Wasserman S，Faust K. Social Network Analysis：Methods and Applications ［M］. Cambridge：Cambridge University Press，1994.

同时，互联网的公开透明性，以及社交媒体和 Web 2.0 技术的广泛应用，使得通过互联网收集和获取个体之间的完全社会网络数据成为可能，这保证了所构建社会网络的客观性和准确性。本书通过收集创新用户的交互数据（谁与谁在什么时间交互，以及交互内容是什么）构建用户社会网络，并利用社会网络分析软件 Pajek、Python 的社会网络分析包 NetworkX 对用户社会网络进行分析。本书一方面将用户的关系网络结构用数学的方式进行清晰的描述，对创新用户之间的关系进行精确测度和量化；另一方面将社会网络分析所测度的社会结构作为影响用户创新产出的解释性因素，研究用户社会网络对用户创新的影响。

（三）计量经济实证分析法

计量经济方法是通过采集非实验数据（Nonexperimental Data）或观测数据（Observational Data），运用概率统计的方式对经济变量之间的（因果）关系进行定量分析的方法，经济理论、统计学和数学是进行计量经济分析的基础（陈强，2010；伍德里奇，2010）[1][2]。"计量经济"（Econometrics）一词由诺贝尔经济学奖获得者拉格纳·弗里希（Ragnar Frisch）于 1926 年首次提出，此后经过众多经济学家不断开创新的理论和方法，计量经济已经在经济学中占据了极其重要的地位，计量经济方法也在管理学、社会学、心理学等众多学科中得到了广泛应用。

本书通过抓取互联网公开数据作为数据来源，构建多个计量实证回归模型来验证所假设变量之间的关系，从而回答研究问题。同时，根据所建立模型和所分析数据的不同特征来选择估计方法，包括多元线性回归估计、Logit 回归估计、Poisson 回归估计、混合回归估计、随机效应回归估计、生存分析模型估计等，所采用分析软件为计量软件 Stata 14.2。

（四）案例研究法

Eisenhardt 教授认为，案例研究法适用于研究现有理论不能充分回答的问题（毛基业、陈诚，2017）。针对开放式创新平台社会关系网络如何影响用户创新这一问题，基于线下交互关系提出的社会资本理论无法完全适用，需要通过案例研

---

① 陈强. 高级计量经济学及 Stata 应用 ［M］. 北京：高等教育出版社，2010.

② 杰弗里·M·伍德里奇. 计量经济学导论（第 4 版）［M］. 费剑平，校译. 北京：中国人民大学出版社，2010.

究法进一步探究。本书结合案例典型性原则和数据可获取性原则，选择乐高开放式创新平台为典型案例，构建开放式创新平台社会关系网络。全书以乐高典型案例所构建的社会关系网络，实证社会关系网络对用户创新的影响。通过对乐高典型案例和所构建社会关系网络进行深入的剖析和详尽的分析，为研究带来更多启发和新见解。

## 第五节  主要创新点

本书的创新性主要体现在以下几个方面：

第一，通过构造社会关系网络，系统揭示开放式创新平台用户交互关系对用户创新的影响机理。本书通过社会网络分析法，将用户交互关系用数学的方式进行清晰表达，将用户互惠、用户结构位置、关系强度、关系质量等理论概念转化为可准确测度的指标，通过多种实证回归模型，明晰了开放式创新平台社会网络如何影响用户创新的数量和质量。

第二，综合利用回归分析和社会网络分析研究用户互惠，发现开放式创新平台中存在普遍的用户互惠，并且用户声誉越高，互惠效果越好。互惠是用户参与创新和共享创新知识的重要前提，以往研究多以问卷法测量用户互惠，本书开拓了综合利用回归分析和社会网络分析研究用户互惠的途径，并对开放式创新平台用户互惠行为进行了深入分析和挖掘。

第三，从结构维度和关系维度对开放式创新平台社会关系网络进行衡量，发现网络中心性、网络桥梁位置和关系强度均正向影响用户创新，同时关系强度还兼具调节作用。其中，结构维度指标（网络中心性、网络桥梁位置）对用户创新的影响与线下网络一致，而关系维度指标（关系强度）的影响与线下网络不一致。社会资本理论的关系强度命题认为，"弱联系"更利于信息间的交流和传递，并发挥一定的桥梁作用，本书分别对网络桥梁位置和关系强度进行测度，发现在线社会关系的关系强度并不能发挥桥梁作用，有其自身的作用机理：一方面正向影响社会资本的获取，提高用户创新数量；另一方面在网络桥梁位置对用户创新数量的影响中发挥正向调节作用。

第四，从创新知识质量角度界定社会关系质量，发现社会关系质量是决定社会关系能否提高用户创新质量的关键因素。用户所建立的社会关系存在质量差异，这是前人研究常忽略的。本书定义了社会关系质量并将其指标化，发现并非社会关系越多用户创新质量越高，只有优质社会关系才会提高用户创新质量，普通社会关系并不能提高用户创新质量，社会关系的质量属性决定了社会关系能否提高用户的创新质量。

# 第二章　文献综述和理论基础

本章首先对开放式创新平台和用户创新相关文献进行了系统梳理，旨在把握当前开放式创新平台用户创新研究的现状和热点，同时指出利用在线社会关系网络研究用户创新的必要性和可行性。其次概述了社会网络影响创新的理论基础——社会资本理论，同时介绍了社会网络分析的基本方法，为后续研究奠定理论和方法基础。

## 第一节　文献综述

### 一、开放式创新平台的内涵

Chesbrough 教授于 2003 年首次提出开放式创新理论，强调企业要改变原有的封闭式技术创新模式，打破组织边界，加强与外部环境的有效互动，集成企业内部和外部的创新资源来共同创造价值。开放式创新平台是互联网技术与开放式创新理论相融合的产物，是基于 Web 2.0 搭建的面向社会大众的平台。由于互联网技术连接全球的互联网用户，突破了时间和地域的限制，使快速整合全球创新资源成为可能，开放式创新平台成为企业实践开放式创新的理想途径。

众多学者从不同视角对开放式创新平台进行了定义。学者 Fichter（2009）认为，开放式创新平台是来自组织外的具有共识的个体聚集在创新社区中组成的非正式网络，共同推动创新项目的开发①。学者 Di Gangi 和 Wasko（2009）认为，开放式创新平台的本质是分布式的个人或群体通过计算机和互联网进行交流，旨在共同解决一个问题，或者开发一个新的方案②。学者 Schröder 和 Hölzle（2010）给出了一个更全面的解释，他们认为开放式创新平台是由许多个体组成的，他们拥有共同的兴趣并服务于一个共同的创新目标，即寻求一种新的创新性的产品解决方案。平台内的创新用户受一个共同文化的约束，包括一系列的规则、标准和价值观，彼此通过互联网进行交流和互动，协作创新，实现互惠互利③。同时，创新用户是自愿参与的，他们在此之前并没有任何的组织联系。学者 Battistella 和 Nonino（2012a）认为，开放式创新平台是为了将不同成员（个人或企业）吸引并聚集在创新社区的新型工具④。学者 Hallerstede（2013）将开放式创新平台定义为，"一个能够提供数字化服务的虚拟环境，在此环境中的创新者可以自由互动，不受时间和空间的限制开展协作创新"，企业通过开放式创新平台可将外部创新者纳入组织的创新过程中⑤。此外，国内学者刘志迎等（2015）将用户利用开放式创新平台进行创新的模式称为"众创"⑥。

根据以上学者的定义，可归纳出开放式创新平台有如下的基本特征：①虚拟性，开放式创新平台是基于互联网的、不受时空限制的虚拟平台（Bullinger-

① Fichter K. Innovation Communities：The Role of Networks of Promotors in Open Innovation［J］. R&D Management，2009，39（4）：357-371.

② Di Gangi P M，Wasko M. Steal My Idea！Organizational Adoption of User Innovations from a User Innovation Community：A Case Study of Dell Idea Storm［J］. Decision Support Systems，2009，48（1）：303-312.

③ Schröder A，Hölzle K. Virtual Communities for Innovation：Influence Factors and Impact on Company Innovation［J］. Creativity & Innovation Management，2010，19（3）：257-268.

④ Battistella C，Nonino F. Open Innovation Web-Based Platforms：The Impact of Different Forms of Motivation on Collaboration［J］. Innovation：Management，Policy & Practice，2012a，14（4）：557-575.

⑤ Hallerstede S H. Managing the Lifecycle of Open Innovation Platforms［M］. New York：Springer Science & Business Media，2013.

⑥ 刘志迎，陈青祥，徐毅. 众创的概念模型及其理论解析［J］. 科学学与科学技术管理，2015（2）：52-61.

Hoffmannet al.，2009)①；②目的性，平台的目的是让外部用户参与企业的开放式创新（Liang et al.，2016)②；③自愿性，在平台进行创新的用户都是自愿参与的，并不是企业组织特定的个体参与的；④交互性，平台中的创新用户可以进行沟通和互动，甚至可以彼此协作、互惠互利；⑤网络性，平台中的创新者为了共同的创新兴趣和目标，自愿组成一种非正式网络（West and Lakhani，2008)③。

本书综合上述学者的定义，以及开放式创新平台的特征，将开放式创新平台界定为，企业利用社交媒体和 Web 2.0 技术，建立起的面向大众的、服务于企业的开放式创新的互联网平台。一方面，平台中的创新用户可以自由互动提出创新或创意，并且可以通过平台进行创新成果的展示；另一方面，企业可以通过平台获取来自平台创新用户的创新成果并加以应用。一方面，此定义强调了平台的完全开放性和交互性，即平台面向所有社会大众（企业产品用户、行业专家、任意组织或机构等），并且可以在平台中自由交互；另一方面，此定义又基于开放式创新理论，从企业视角界定平台目的，即服务于企业创新。

此外，依据开放式创新平台建立方的不同，可将其分为两类——企业自建型开放式创新平台和第三方开放式创新平台（周蕊、陈佳丽，2018)④。企业自建型开放式创新平台，是由单一企业主导而建立，服务于本企业的创新平台，具体表现形式为在线创新社区、在线创新竞赛平台等，如戴尔的 Idea Storm 社区、海尔的众创意平台。第三方开放式创新平台是由第三方建立，连接创新需求企业和创新提供方（企业、科研机构、社会大众等）的中介平台（Alexander and Martin，2013)⑤，可同时为众多企业提供开放式服务，具体表现形式有众包平台、

① Bullinger-Hoffmann A C, Haller J, Moeslein K. Innovation Mobs-Unlocking the Innovation Potential of Virtual Communities ［C］. San Francisco AMCIS 2009 Proceedings, 2009.

② Liang Y, et al. The Impact of Power Boundary Management on the Design of Company-Initiated Open Innovation Platform ［C］. Taiwan: 20th Pacific Asia Conference on Information Systems 2016, 2016.

③ West J, Lakhani K R. Getting Clear about Communities in Open Innovation ［J］. Industry & Innovation, 2008, 15（2）: 223-231.

④ 周蕊，陈佳丽. 第三方开放式创新平台信任与创新能力提升 ［M］. 北京: 经济管理出版社, 2018.

⑤ Alexander A T, Martin D P. Intermediaries for Open Innovation: A Competence-Based Comparison of Knowledge Transfer Offices Practices ［J］. Technological Forecasting & Social Change, 2013, 80（1）: 38-49.

创新中介平台等，如国际开放式创新平台 InnoCentive、科研服务平台众研网。本书主要关注第一种，企业自建类型的开放式创新平台，平台中的创新产出主要服务于建立平台的企业。

## 二、开放式创新平台的用户创新研究综述

对企业自建的开放式创新平台而言，平台用户是平台企业的创新主体，平台的主要目的是吸引尽可能多的潜在创新用户通过参与平台创新活动，加入企业创新过程（Stephen et al.，2016）[①]。如何激发用户积极的创新平台参与行为，以及产出更多优秀的创新成果，是开放式创新平台成功的关键。

Urban 和 von Hippel 专注于用户创新研究[②]，通过对比领先用户和内部研发人员的创新活动，发现领先用户创新的产品更具有创新性，更贴近用户的产品需求，因此具有更高的市场销售量（Lilien et al.，2002）[③]。众多研究已经表明，用户创新是一种低成本、高效率的开放式创新方式（Hwang and Kim，2011；Poetz and Schreier，2012）[④][⑤]。现阶段，针对开放式创新平台中用户创新进行的研究，主要围绕三个方面展开：一是研究影响创新平台用户参与行为的关键因素，以指导平台企业方采取合理的措施促进用户进行创新知识共享和创新贡献；二是研究平台用户的创新绩效，对平台中的用户创新数量和质量进行衡量，找出提高用户创新绩效的关键因素；三是研究用户创新的筛选和采纳，以帮助平台企业高效地从大量用户创新中筛选出优质的创新成果。以下将分别针对这三方面展开综述。

---

① Stephen A T, Zubcsek P P, Goldenberg J. Lower Connectivity Is Better：The Effects of Network Structure on Redundancy of Ideas and Customer Innovativeness in Interdependent Ideation Tasks ［J］. Journal of Marketing Research，2016，53（2）：263-279.

② Urban G L, von Hippel E. Lead User Analyses for the Development of New Industrial Products［J］. Management Science，1988，34（5）：569-582.

③ Lilien G L, et al. Performance Assessment of the Lead User Idea-Generation Process for New Product Development［J］. Management Science，2002，48（8）：1042-1059.

④ Hwang J，Kim S. Factors Affecting Successful Innovation by Content-Layer Firms in Korea［J］. Service Industries Journal，2011，31（7）：1093-1107.

⑤ Poetz M K，Schreier M. The Value of Crowdsourcing：Can Users Really Compete with Professionals in Generating New Product Ideas?［J］. Journal of Product Innovation Management，2012，29（2）：245-256.

（一）用户参与行为的影响因素研究

开放式创新平台的用户参与行为，即用户基于创新平台向其他用户分享使用产品或服务的知识（遇到的问题、使用经验、进一步需求等），或直接向创新平台提出改进意见、可行性方案、新产品创意等（Mahr and Lievens，2012）[①]。秦敏等（2015）认为创新平台的用户参与贡献行为可划分为主动贡献和反应贡献两类[②]。综观影响用户参与创新平台行为的因素，可从以下五个方面进行概括：信息系统质量、平台开放度、平台激励机制、平台交互机制、平台创新反馈机制。

1. 信息系统质量

从设计角度上讲，开放式创新平台是企业应用的一种可以帮助企业进行开放式创新活动的信息技术。依据 IS 成功模型（IS Success Model）（Delone and Mclean，1992，2003），信息系统质量可从信息质量、系统质量、服务质量三个方面进行衡量，会显著影响用户的采纳和参与[③][④]。

Zhou 等（2013）发现，访客可以通过浏览开放式创新网站获得对自己有价值的信息进而加入开放式创新平台，因此提高开放式创新平台的信息质量对提高用户参与度具有重要作用[⑤]。Islam 和 Rahman（2017）同时考虑了信息质量和系统质量两方面，通过对 Facebook 的 430 名用户进行问卷调查，发现两个方面因素都对用户参与有显著正向影响，其中信息质量的影响更大[⑥]。Gharib 等（2017）则依据 IS 成功模型综合考虑了信息质量、系统质量、服务质量三个方面对用户

① Mahr D，Lievens A. Virtual Lead User Communities：Drivers of Knowledge Creation for Innovation ［J］. Research Policy，2012，41（1）：167-177.

② 秦敏，乔晗，陈良煌. 基于 CAS 理论的企业开放式创新社区在线用户贡献行为研究：以国内知名企业社区为例 ［J］. 管理评论，2015，27（1）：126-137.

③ Delone W H，Mclean E R. Information Systems Success：The Quest for the Dependent Variable ［J］. Information Systems Research，1992，3（1）：60-95.

④ Delone W H，Mclean E R. The DeLone and McLean Model of Information Systems Success：A Ten-Year Update ［J］. Journal of Management Information Systems，2003，19（4）：9-30.

⑤ Zhou Z，et al. Transforming Visitors into Members in Online Brand Communities：Evidence from China ［J］. Journal of Business Research，2013，66（12）：2438-2443.

⑥ Islam J U，Rahman Z. The Impact of Online Brand Community Characteristics on Customer Engagement：An Application of Stimulus-Organism-Response Paradigm ［J］. Telematics & Informatics，2017，34（4）：96-109.

参与的影响，认为这三个方面的高质量是一个成功开放式创新平台的必备要素①。

### 2. 平台开放度

一般而言，平台的开放度越高，用户的创新卷入度感知就会越高，用户参与创新贡献的努力就会越大。Balka 等（2014）区别了三种不同的开放方式——设计信息的公开透明性（Transparency）、可获取性（Accessibility）和可复制性（Replicability），并基于电子和信息技术硬件行业 20 个在线创新社区的调查数据进行分析，证实这三种不同形式的开放度都能够显著增加社区用户对创新项目的贡献②。同时，学者 West 和 O'Mahony（2008）的研究也证实了创新社区的公开透明性即开放度，会显著影响社区中用户数量的增长③。

### 3. 平台激励机制

由于开放式创新平台的用户是动态的、不确定的、异质的，因此需要设计合适的激励机制把优质创新用户吸引到创新平台中并持续参与。王莉和金曼慧（2018）通过对中国多个在线开放式创新社区（华为粉丝社区、小米社区、海尔社区、海信社区、TCL 的铁粉社区、长虹社区）进行研究，发现激励对社区用户的创新贡献行为具有显著正向影响④。

具体而言，平台激励方式主要分为外在激励和内在激励两大类。其中，外在激励主要是指物质或金钱激励，常以酬金或奖金形式出现，用以满足用户的外部动机（Bullinger-Hoffmann et al.，2009；Brabham，2010）⑤⑥。内在激励方式主要是通过深入分析用户参与创新平台，以及进行创新分享的内部动机和态度，来提

① Gharib R K, Philpott E, Duan Y. Factors Affecting Active Participation in B2B Online Communities：An Empirical Investigation ［J］. Information & Management，2017，54（4）：516-530.

② Balka K, Raasch C, Herstatt C. The Effect of Selective Openness on Value Creation in User Innovation Communities ［J］. Journal of Product Innovation Management，2014，31（2）：392-407.

③ West J, O'Mahony S. The Role of Participation Architecture in Growing Sponsored Open Source Communities ［J］. Industry & Innovation，2008，15（2）：145-168.

④ 王莉，金曼慧. 开放式创新社区中激励机制对消费者创新行为的影响研究 ［J］. 科学学与科学技术管理，2018（6）：58-71.

⑤ Bullinger-Hoffmann A C, Haller J, Moeslein K. Innovation Mobs-Unlocking the Innovation Potential of Virtual Communities ［C］. San Francisco：AMCIS 2009 Proceedings，2009.

⑥ Brabham D C. Moving the Crowd at Threadless ［J］. Information，Communication & Society，2010，13（8）：1122-1145.

高用户的参与度和创意分享意愿。常见的创新平台参与动机包括用户对企业品牌的情感、用户对产品的需求动机和改进动机、学习动机、乐趣动机、帮助他人和寻求帮助动机、自我营销动机、同行交流动机、认同动机、建立社交网络动机等（赵晓煜、孙福权，2013；Baldus et al.，2015；Hossain，2017）①②③。同时，王玮和江勇威（2018）研究了用户持续参与开放式创新平台的影响因素，包括知识共享自我效能感、乐于助人、满意等感知利益，发现和初次参与动机既存在重合，也存在一定差异④。用于满足用户内外部动机的平台设计有：用户平台奖励方案（如用户积分、用户评价、奖金和酬劳等）、用户创意的可视化展示、创新反馈模式（如评论、投票等）、用户交流和互动模式（如互相关注、私信、聊天工具等）等（Bretschneider et al.，2015）⑤。

对创新平台进行激励设计会正向影响用户创新行为，但如何选取合适的激励方式，不同学者有不同的看法。Paulini 等（2014）对比了内外两种用户动机对用户参与行为的影响，发现对用户的知识贡献行为而言，用户的内在动机的作用大于外部动机的作用⑥。同时，Frey 等（2011）对比了内外两种激励方式，指出外在激励（如金钱奖励）方法会催生大量非实质的创意，而用户对贡献创新知识的内在享受才是重大创意的源泉⑦。夏恩君等（2014）认为，企业要根据不同用户的特点进行激励，满足不同用户对平台的需求，才能让更多用户参与进

① 赵晓煜，孙福权．网络创新社区中顾客参与创新行为的影响因素［J］．技术经济，2013（11）：14-20.

② Baldus B J，Voorhees C，Calantone R. Online Brand Community Engagement：Scale Development and Validation［J］．Journal of Business Research，2015，68（5）：978-985.

③ Hossain M. Motivations，Challenges，and Opportunities of Successful Solvers on an Innovation Intermediary Platform［J］．Technological Forecasting & Social Change，2017（128）：67-73.

④ 王玮，江勇威．契合 vs 依赖：感知利益对社会化问答社区用户持续使用的影响研究［J］．暨南学报（哲学社会科学版），2018（10）：96-114.

⑤ Bretschneider U，Leimeister J M，Mathiassen L. IT-Enabled Product Innovation：Customer Motivation for Participating in Virtual Idea Communities［J］．International Journal of Product Development，2015，20（2）：126-141.

⑥ Paulini M，Maher M L，Murty P. Motivating Participation in Online Innovation Communities［J］．International Journal of Web Based Communities，2014，10（1）：94-114.

⑦ Frey K，Lüthje C，Haag S. Whom Should Firms Attract to Open Innovation Platforms? The Role of Knowledge Diversity and Motivation［J］．Long Range Planning，2011，44（56）：397-420.

来①。Jeppesen 和 Laursen（2009）则强调企业应确立领先用户，对这些用户着重采取激励措施，使这些用户持续参与社区活动②。另有学者认为要根据开放式创新平中所涉及的不同创新主题选择合适的激励手段（Terwiesch and Xu，2008）③。

4. 平台交互机制

用户交互可以促进平台用户之间的知识共享和用户创新行为。刘雨农和刘敏榕（2018）通过对某在线知识社区的用户关系网络结构特征进行详细研究，揭示了影响网络形成的社会化过程，发现知识社区中用户建立关系网络的主要目的是进行知识传播和分享，社交仅是在此基础上衍生出的附加社会化功能，这与以社交功能为核心的在线社区存在本质区别④。Toral 等（2010）运用社会网络分析法研究开源软件平台内用户之间的交互和合作行为，也证实了用户交互促进知识分享，从而推动平台整体目标的达成⑤。Kosonen 等（2013）从平台信任和平台交互角度探讨影响用户知识共享意愿的因素，认为平台企业方应该为用户之间互动提供更多支持，并及时为用户创意提供建设性反馈，以促进用户的知识共享⑥。另外，平台交互有利于建立用户之间的信任及社区互惠规范的形成，这是用户进行创意贡献和知识分享的重要前提，因此开放式创新平台理应为用户创造互动、合作、信任的环境（Pai and Tsai，2016；程巧莲等，2017)⑦⑧。进而，学者顾美玲和毕新华（2017）基于因素间综合影响矩阵，研究了提高开放式创新平台的知

① 夏恩君，邓倩，张明. 开放式创新社区网络的模糊综合评价［J］. 技术经济，2014（10）：8-14.

② Jeppesen L B，Laursen K. The Role of Lead Users in Knowledge Sharing［J］. Research Policy，2009，38（10）：1582-1589.

③ Terwiesch C，Xu Y. Innovation Contests，Open Innovation，and Multiagent Problem Solving［J］. Management Science，2008，54（9）：1529-1543.

④ 刘雨农，刘敏榕. 虚拟知识社区的社会网络结构及影响因素——以知乎网为例［J］. 图书情报工作，2018（4）：89-96.

⑤ Toral S L，Martínez-Torres M R，Barrero F. Analysis of Virtual Communities Supporting OSS Projects Using Social Network Analysis［J］. Information & Software Technology，2010，52（3）：296-303.

⑥ Kosonen M，et al. My Idea Is Our Idea! Supporting User-Driven Innovation Activities in Crowdsourcing Communities［J］. International Journal of Innovation Management，2013，17（3）：179-1690.

⑦ Pai P，Tsai H T. Reciprocity Norms and Information-Sharing Behavior in Online Consumption Communities：An Empirical Investigation of Antecedents and Moderators［J］. Information & Management，2016，53（1）：38-52.

⑧ 程巧莲，等. 企业主导的创新社区构建：开放式创新的视角［J］. 科研管理，2017（S1）：487-493.

识分享和协同水平的途径①。

5. 平台创新反馈机制

开放式创新平台对用户创意的及时反馈（如投票、评价等）会促进用户的持续参与行为（Hassan et al., 2019）②。Bayus（2013）指出积极的评价与回复对用户再次参与任务起到积极作用③。Chen 等（2012）以戴尔 Idea Storm 平台为例，发现平台的及时反馈会正向显著影响用户的参与意愿，进而增加平台的创新产出④。另外，学者 Lee 和 van Dolen（2015）还发现，除了平台对用户创意的评论及相应响应速度，平台管理风格也会显著影响用户参与意愿⑤。

同时，少数学者综合考虑多种因素对用户参与的影响，如 Saxton 等（2013）着重关注了众包模式的开放式创新，指出平台的奖励制度、创新合作制度、平台反馈制度、用户评级制度等，都会对用户提出创意起到决定作用⑥；Battistella 和 Nonino（2012b）在开放式创新平台设计和管理方面提出了影响用户创意贡献的七大因素：网站哲学（Website Philosophy）、企业家和商业机会（Entrepreneur and Business Opportunities）、用户关系（Relationships with Customers）、网站结构和可视化特征（Website Structure and Visual Aspects）、个人主页发展（Personal Profile Development）、加速创新过程的特征（Features for Accelerating Innovation Process）、社会责任（Social Responsibility）⑦。

① 顾美玲，毕新华. 移动环境下开放式创新社区知识协同的影响因素识别与分析——基于知识生态视角［J］. 图书情报工作，2017（13）：99-107.

② Hassan L，Dias A，Hamari J. How Motivational Feedback Increases User's Benefits and Continued Use：A Study on Gamification，Quantified-Self and Social Networking［J］. International Journal of Information Management，2019（46）：151-162.

③ Bayus B L. Crowdsourcing New Product Ideas over Time：An Analysis of the Dell Idea Storm Community［J］. Management Science，2013，59（1）：226-244.

④ Chen L，Marsden J R，Zhang Z. Theory and Analysis of Company-Sponsored Value Co-Creation［J］. Journal of Management Information Systems，2012，29（2）：141-172.

⑤ Lee H H M，van Dolen W. Creative Participation：Collective Sentiment in Online Co-Creation Communities［J］. Information & Management，2015，52（8）：951-964.

⑥ Saxton G，Onook Oh，Kishore R. Rules of Crowdsourcing：Models，Issues and Systems of Control［J］. Journal of Information Systems Management，2013，30（1）：2-20.

⑦ Battistella C，Nonino F. What Drives Collective Innovation? Exploring the System of Drivers for Motivations in Open Innovation，Web-Based Platforms［J］. Information Research，2012b，17（1）：513-539.

（二）用户创新绩效研究

用户创新绩效有狭义和广义之分。狭义的用户创新绩效是指开放式创新平台中用户的直接创新产出（Chen et al.，2012）[1]，如用户创意的数量、质量，这是目前大部分学者常关注的用户创新绩效指标。广义的用户创新绩效是指开放式创新平台及平台中的用户创新产出为组织带来的一系列创新效果（余杨等，2015）[2]，已有少数学者开始关注组织方面的绩效，如企业新增专利数、企业商业价值增长等。学者具体选取的用户创新绩效指标，如表2-1所示。

表2-1　开放式创新平台用户创新绩效指标选取

| 用户创新绩效内涵 | 可选取创新绩效测量指标 |
| --- | --- |
| 狭义 | 用户创意数量（Chan et al.，2015；Dong and Wu，2015）<br>用户创意受欢迎程度（Yang and Li，2016）<br>用户创意质量（Di Gangi and Wasko，2009；陈佳丽等，2019）<br>用户贡献价值（李奕莹、戚桂杰，2017）<br>平台群体创造力（王莉、任浩，2013） |
| 广义 | 组织创新绩效，如专利数量、新产品数、新产品销售收入、新产品销售率等（俞荣建等，2018；陈劲等，2013；Franke et al.，2016；崔维军等，2017）<br>组织财务绩效，如企业股票市场回报、净营业收入等（Dong and Wu，2015；孙耀吾、旷冶，2016） |

在用户创新绩效影响因素方面，有很多因素与影响用户参与行为的因素相重合，目前研究多从平台开放度、平台交互机制和平台反馈机制这三个方面进行。

1. 平台开放度

平台开放度增大会增加平台用户文化的差异，用户创新产出则取决于平台文化与平台用户的不同期望和惯例的一致性。Jawecki 等（2011）通过对中英文两个篮球社区进行分析，发现在线创意社区的文化差异会对用户创意的生成过程产生重要影响，虽然不同文化背景的创新社区都能产出很多创意，但其创新过程模

---

[1]　Chen L, Marsden J R, Zhang Z. Theory and Analysis of Company-Sponsored Value Co-Creation [J]. Journal of Management Information Systems, 2012, 29 (2)：141-172.

[2]　余杨，包海波，王培. 太阳能技术 R&D 战略研究：战略布局与创新成效 [J]. 科技管理研究，2015 (11)：33-38.

式和创新产出却存在一定差异，同时平台对创意产出的创新性界定也会受到文化差异的影响①。

学者孙耀吾和旷冶（2016）研究了平台的开放度对软件企业绩效的影响。在平台开放广度和深度两个维度下，通过实证发现平台开放广度对企业绩效有正向影响，平台开放深度对企业绩效的影响呈"倒 U 形"②。此外，Dong 和 Wu（2015）根据创新价值链理论初步讨论了基于开放式创新平台的创意产生和创意实施对企业最终商业绩效的影响③。首先，他们从动态能力视角界定了开放式创新平台赋予企业的两种能力：创意产生能力（通过开放式创新平台获取用户创意的能力）和创意实施能力（通过开放式创新平台筛选用户创意用于深入研发和开发新产品的能力）；其次，通过对戴尔的 Idea Storm 平台和星巴克的 My Starbucks Idea 平台进行实证分析，发现只有创意实施能力对增加企业的商业绩效有益处，而创意产生能力并不会增加企业商业绩效。

2. 平台交互机制

刘德文（2011）认为，开放式创新平台是一个能将个体隐性知识转化为显性知识的重要场所，转化的方式就是知识在创新者之间的交流与传递，这使隐性知识得以在不同创新主体间传递、交叉、配对，有利于新观点和新知识的产生④。因此，平台交互机制的设置可以通过增加知识共享，进而增加用户提出更多优秀创意的可能。

已有众多学者证实了平台交互对创意产出的影响。李立峰（2017）以小米创新社区 MIUI 为例具体分析了用户交互关系网络的结构和演化过程，发现用户交互有利于提高用户所提创意被企业采纳的概率⑤。王莉和任浩（2013）根据互动

① Jawecki G, Füller J, Gebauer J. A Comparison of Creative Behaviours in Online Communities across Cultures [J]. Creativity and Innovation Management, 2011, 20 (3): 144-156.

② 孙耀吾, 旷冶. 软件平台开放度对主导企业绩效影响研究——基于平台吸引力的调节作用 [J]. 科学学与科学技术管理, 2016 (5): 44-54.

③ Dong J Q, Wu W. Business Value of Social Media Technologies: Evidence from Online User Innovation Communities [J]. The Journal of Strategic Information Systems, 2015, 24 (2): 113-127.

④ 刘德文. 创新社区的协调机制研究 [D]. 成都: 电子科技大学博士学位论文, 2011.

⑤ 李立峰. 基于社会网络理论的顾客创新社区研究——成员角色、网络结构和网络演化 [D]. 北京: 北京交通大学博士学位论文, 2017.

对象的不同，将平台上用户互动行为分为用户之间互动和用户与企业之间互动两个维度，研究发现两种互动行为均对平台创新绩效（群体创造力）有显著正向影响。同时，在这个过程中知识共享发挥了重要的中介作用，完全中介了用户互动对群体创造力的影响，该研究结论阐明了开放式创新平台互动设计对创新绩效产生影响的具体机制①。

此外，目前很多开放式创新平台设置了在线创新竞赛板块，还有学者特别关注了竞争关系中用户交互和合作问题，认为应该存在一种类似企业之间的竞合关系。Hutter 等（2011）② 和 Blohm 等（2011）③ 的研究表明，处在竞争关系中的用户依然可以通过交互（合作、交流和讨论、评论等）提高用户创意质量。因此，开放式创新平台应该为用户设计合理的交互机制，使用合适的工具和手段，拓宽交流渠道，降低交流成本，保证创新者个体之间能够顺畅地进行交流和知识传递。

3. 平台反馈机制

平台的创新反馈机制会使平台产出更多优秀的创意（Di Gangi and Wasko，2009）④。Chen 等（2012）将平台反馈分为同行反馈和企业反馈两个维度，并以戴尔的 Idea Storm 平台为例进行实证分析，发现同行反馈仅能提高用户的创意数量，而企业反馈可以同时提高用户的创意数量和创意质量⑤。Chan 等（2015）同样以戴尔的 Idea Storm 平台为例研究了两种反馈对创意产出的影响，发现这种影响受到用户本身创新经验（过去发布的创意个数）的调节，高创新经验会降低同行反馈对创新产出的影响，但会提高企业反馈对创新产出的影响，因为有丰富

① 王莉，任浩. 虚拟创新社区中消费者互动和群体创造力——知识共享的中介作用研究 [J]. 科学学研究，2013（5）：702-710.

② Hutter K, et al. Communitition: The Tension between Competition and Collaboration in Community-Based Design Contests [J]. Creativity and Innovation Management, 2011, 20（1）：3-21.

③ Blohm I, et al. Does Collaboration among Participants Lead to Better Ideas in IT-Based Idea Competitions? An Empirical Investigation [J]. International Journal of Networking & Virtual Organisations, 2011, 9（2）：106-122.

④ Di Gangi P M, Wasko M. Steal My Idea! Organizational Adoption of User Innovations from a User Innovation Community: A Case Study of Dell Idea Storm [J]. Decision Support Systems, 2009, 48（1）：303-312.

⑤ Chen L, Marsden J R, Zhang Z. Theory and Analysis of Company-Sponsored Value Co-Creation [J]. Journal of Management Information Systems, 2012, 29（2）：141-172.

创新经验的用户倾向于认为自己和平台企业是统一战线的，因此会把企业评价和反馈视为企业对自己创意的认同，从而被激励产生更多的创意①。Huang 等（2014）则认为企业需要有选择地对创意进行反馈，他们发现企业对用户创意的响应数量及响应速度会显著增加用户创意数量，但如果企业不分创意质量地进行回复和响应则会导致总体创意质量的显著下降②。此外，郭伟等（2018）不仅从数量方面衡量同行反馈，更从反馈意见长度、反馈人员多样性、反馈支撑文件三方面来衡量反馈质量，利用数据挖掘与层次分析法研究用户反馈对个体创新贡献度的影响，结果发现同行反馈数量和质量均对个体创新贡献度有显著影响③。

为了提高用户创新绩效，有学者提出采用平衡计分卡进行开放式创新平台管理。学者 Blohm 等（2013）从创新过程、社区成员、组织学习和财务视角为开放式创新平台构建了用户创新绩效平衡计分卡④。郭梁等（2016）针对平衡计分卡缺乏动态性的问题，设计了开放式创新平台管理的动态平衡计分卡模型，研究发现用户数量、创意提交数与创意实施数量、创新收益是开放式创新平台的关键管理要素，分析了企业如何高效管理这些关键要素，提高用户创新绩效⑤。

（三）用户创新采纳研究

一般而言，开放式创新平台中只有少数创意能被企业转化进而被企业采纳，如 Idea Storm 平台中被企业采纳的创意仅占总创意数量的 3%（Hossain and Islam，2015）⑥。很多学者都针对创意采纳的影响因素进行研究，以提高企业的采纳效率，也有学者通过识别开放式创新平台中的领先用户，来锁定能提出高质量创意

① Chan K W, Li S Y, Zhu J J. Fostering Customer Ideation in Crowdsourcing Community: The Role of Peer-to-Peer and Peer-to-Firm Interactions [J]. Journal of Interactive Marketing, 2015 (31): 42-62.

② Huang Y, Singh P V, Srinivasan K. Crowdsourcing New Product Ideas under Consumer Learning [J]. Management Science, 2014, 60 (9): 2138-2159.

③ 郭伟，等. 开放式创新社区中用户交互反馈对个体创新贡献度的影响 [J]. 科技进步与对策，2018 (3): 146-152.

④ Blohm I, Leimeister J M, Krcmar H. Managing Open-Innovation Communities: The Development of an Open-Innovation Community Scorecard [M] //Martinez M G. Open Innovation in the Food and Beverage Industry. London: Woodhead Publishing, 2013.

⑤ 郭梁，等. 基于动态平衡计分卡的开放式创新社区管理 [J]. 技术与创新管理，2016 (5): 477-481.

⑥ Hossain M, Islam K M Z. Ideation through Online Open Innovation Platform: Dell Idea Storm [J]. SSRN Electronic Journal, 2015, 6 (3): 611-624.

的潜在用户群，以期达到高效筛选创意的目的。

在创意采纳影响因素研究方面，大部分学者采用创意特征和创新用户特征相结合的方法（Li et al., 2016；Schemmann et al., 2016）[1][2]。其中，创意特征包括：创意展示特征（创意描述长度、创意图片数、支撑文件数）、创意流行程度（评论数、浏览数、得分数）、创新性等；创新用户特征包括：用户创新贡献特征和用户的社交特征。研究结果发现，创意的流行程度和创新性对创意采纳具有显著正向影响，创意展示特征对创意采纳的影响要分情况而论。同时，用户已经发布的创意被实施及用户的高社交能力会增加其后续创意被采纳、实施的可能性。另外，学者 Westerski 等（2013）在对开放式创新平台中的创意深入研究的基础上，提出了具体的创意分类方法，并且构建了创意评价指标体系，以实现创意评价的快速性和准确性[3]。

在领先创新用户识别方面，已经有很多学者利用不同算法来提高领先创新用户的识别准确率。例如，Brem 和 Bilgram（2015）、Ernst 和 Brem（2017）利用网络志方法来识别领先用户[4][5]；Pajo 等（2017）利用网络志方法进行初步识别，并进一步提出了基于数据挖掘技术的领先用户自动识别框架——FLUID（Fast Lead User Identification）框架[6]；Martinez-Torres 和 Olmedilla（2016）利用粒子群优化算法，根据开放式创新社区中的用户社会网络特征识别潜在创新用户[7]；原欣伟等（2017）利用随机森林法，从用户内容信息（隐含在所发布创意内容文本

① Li M, Kankanhalli A, Kim S H. Which Ideas Are More Likely to Be Implemented in Online User Innovation Communities? An Empirical Analysis [J]. Decision Support Systems, 2016 (84): 28-40.

② Schemmann B, et al. Crowdsourcing Ideas: Involving Ordinary Users in the Ideation Phase of New Product Development [J]. Research Policy, 2016, 45 (6): 1145-1154.

③ Westerski A, Dalamagas T, Iglesias C A. Classifying and Comparing Community Innovation in Idea Management Systems [J]. Decision Support Systems, 2013, 54 (3): 1316-1326.

④ Brem A, Bilgram V. The Search for Innovative Partners in Co-Creation: Identifying Lead Users in Social Media through Netnography and Crowdsourcing [J]. Journal of Engineering and Technology Management, 2015 (37): 40-51.

⑤ Ernst M, Brem A. Social Media for Identifying Lead Users? Insights into Lead Users' Social Media Habits [J]. International Journal of Innovation and Technology Management, 2017, 14 (4): 1-21.

⑥ Pajo S, Vandevenne D, Duflou J R. Automated Feature Extraction from Social Media for Systematic Lead User Identification [J]. Technology Analysis & Strategic Management, 2017, 29 (6): 642-654.

⑦ Martinez-Torres R, Olmedilla M. Identification of Innovation Solvers in Open Innovation Communities Using Swarm Intelligence [J]. Technological Forecasting and Social Change, 2016 (109): 15-24.

中的特点和取向）和行为数据（用户参与行为、用户社区影响力、用户的社交行为）两方面识别领先用户[①]；Lee 和 Suh（2016）则综合利用人工神经网络、决策树及 Bayesian 网络技术，对潜在的创新用户进行了分类[②]。

### 三、社会网络对创新影响的研究综述

根据社会网络中节点所代表研究对象的不同，可将社会网络对创新影响的研究分为两个层面——个体层面和组织层面。以不同层面的研究对象作为节点，以研究对象间的资源、知识、信息流动等作为连接关系，构建各层面的社会网络模型，研究不同社会网络结构特征对创新绩效（个人创新能力、个人创新行为、公司创新绩效等）的影响。以下将分别从个体层面和组织层面进行综述。

#### （一）个体层面社会网络

1. 个体层面社会网络对创新影响的研究

社会网络方法最初被用来研究人与人之间形成的动态的社会关系，如分析人与人之间的合作行为（Fowler and Christakis，2010），将个体作为节点嵌入到社会网络中，利用个体的行为关系作为网络连接，分析社会网络特征对个体行为及其行为结果的影响（姚小涛、席酉民，2008）。

对于个体层面的社会网络与创新研究，主要是研究个体的社会网络特征对个体创造力或公司绩效的影响。例如，Collins 和 Clark（2003）探索了人力资源实践与公司绩效之间的"黑匣子"，分析了高层管理团队的内外部社会网络特征对公司绩效的影响，发现高层管理人员的社会网络可以调节人力资源实践与公司业绩（销售增长和股票增长）之间的关系，他们的研究成果为后续利用社会网络分析法研究企业中个体间的关系打通了道路。

随后，部分学者侧重于研究社会网络中个体的关系维度（关系数量、关系强度）对个体创新和工作绩效的影响。例如，Cross 和 Cummings（2004）研究了知

---

① 原欣伟，等. 基于用户特征抽取和随机森林分类的用户创新社区领先用户识别研究［J］. 数据分析与知识发现，2017（11）：62-74.

② Lee H，Suh Y. Who Creates Value in a User Innovation Community? A Case Study of My Starbucks Idea［J］. Online Information Review，2016，40（2）：170-186.

识密集型企业内员工之间的社会关系数量和关系强度对工作绩效的影响，对来自石油化工公司和战略咨询公司的员工进行问卷调查，发现社会关系网络能够使员工获取多样的信息，激发其产生创新性想法，进而提高员工绩效[①]。McFadyen 等（2004）分析了个人关系的数量和强度对个体知识创造的影响，发现关系的数量和强度均与知识创造呈"倒 U 形"的影响关系，并且关系强度对知识创造的边际影响效应要高于关系数量[②]。国内学者的研究也表明个体的关系数量和关系强度对个体创新行为有显著影响（黄秋雯，2009；顾琴轩、王莉红，2009；程聪等，2013）[③④⑤]。

部分学者关注网络中的桥梁（中介）位置对个人创新的影响。例如，Burt（2004）通过对公司管理者进行网络分析发现，同质的观点和行为更容易在群组内成员之间产生，并且扮演中间人角色的管理者产生有价值观点的可能性更大。因此，Burt（2005）认为处于结构洞位置的节点可以在不同群组和节点间进行资源和信息的交换，具有控制资源和知识的独特优势，更容易创造价值[⑥]。还有学者在弱连接理论的基础上，综合考虑个体社会联系网络的特征（网络规模、关系强度、网络多样性、个体的外向型特征）及个体间交互关系对个体创新力的影响，发现在网络规模合适的前提下，彼此之间存在弱联系、网络多样性高、个体外向性高的网络中的个体的创新性最强（Baer，2010）[⑦]。

随着"互联网+"的不断发展，以及在线虚拟社区的兴起，形成了一个以用户为节点、用户交互关系为连接的在线社会网络，这为利用社会网络研究在线社

① Cross R, Cummings J N. Tie and Network Correlates of Individual Performance in Knowledge-Intensive Work [J]. Academy of Management Journal, 2004, 47 (6): 928–937.

② McFadyen M A, Albert A, Cannella J. Social Capital and Knowledge Creation: Diminishing Returns of the Number and Strength of Exchange Relationships [J]. Academy of Management Journal, 2004, 47 (5): 735–746.

③ 黄秋雯. 个体人力资本与社会资本对创新行为影响的实证研究 [J]. 哈尔滨商业大学学报（社会科学版），2009（6）：49–51.

④ 顾琴轩，王莉红. 人力资本与社会资本对创新行为的影响——基于科研人员个体的实证研究 [J]. 科学学研究，2009（10）：1564–1570.

⑤ 程聪，等. 网络关系、内外部社会资本与技术创新关系研究 [J]. 科研管理，2013，34（11）：1–8.

⑥ Burt R S. Brokerage and Closure: An Introduction to Social Capital [M]. London: Oxford University Press, 2005.

⑦ Baer M. The Strength-of-Weak-Ties Perspective on Creativity: A Comprehensive Examination and Extension [J]. Journal of Applied Psychology, 2010, 95 (3): 592–601.

区的用户交互行为和创新行为奠定了基础。近年来，已有学者针对在线社区中影响用户个体行为的社会网络因素及其机制进行了各种研究。例如，研究在线社区中的用户交互行为对用户知识贡献水平（Chen et al.，2012）[①]、用户努力程度（刘波、马永斌，2016）[②]、用户持续使用意向（Guo et al.，2016）[③]、用户创新行为（郭伟等，2018）[④] 等的影响。

2. 个人创新产出的衡量

如何衡量个人创新产出，一直以来都被管理和经济学者所关注。对于个体创新产出，常以个人创新能力或创新贡献来衡量。McFadyen 等（2004）对科学家发表期刊的影响因子进行加权计算，以计算所得的定量化数值衡量个体的创新能力[⑤]。郭伟等（2018）使用个体贡献的创意想法和解决方案的总数表示个体在创新社区中的创新贡献度[⑥]。Shalley（1995）[⑦] 则设计了包含 22 个原始问题的量表，邀请外部专家对方案的创新性评分，以评分的平均值衡量个体创造力，在此后的研究中又将量表问题精简到 5 个（Shalley and Perry-Smith，2001）[⑧]。

Liao 等（2010）通过实地调研发现，个体创造力水平的高低可以通过个体提交的有关产品和生产实践的新想法的数量和质量来体现，因此他们选取个体一段

① Chen L, Marsden J R, Zhang Z. Theory and Analysis of Company-Sponsored Value Co-Creation [J]. Journal of Management Information Systems，2012，29（2）：141-172.

② 刘波，马永斌. 网络环境中用户努力与创新观点质量——在线互动和评论版块异质性的调节作用 [J]. 消费经济，2016（5）：73-81.

③ Guo W，et al. Exploring Sustained Participation in Firm-Hosted Communities in China：The Effects of Social Capital and Active Degree [J]. Behaviour & Information Technology，2016，36（3）：223-242.

④ 郭伟，等. 开放式创新社区中用户交互反馈对个体创新贡献度的影响 [J]. 科技进步与对策，2018（3）：146-152.

⑤ McFadyen M A，Albert A，Cannella J. Social Capital and Knowledge Creation：Diminishing Returns of the Number and Strength of Exchange Relationships [J]. Academy of Management Journal，2004，47（5）：735-746.

⑥ 郭伟，等. 开放式创新社区中用户交互反馈对个体创新贡献度的影响 [J]. 科技进步与对策，2018（3）：146-152.

⑦ Shalley C E. Effects of Coaction, Expected Evaluation, and Goal Setting on Creativity and Productivity [J]. Academy of Management Journal，1995，38（2）：483-503.

⑧ Shalley C E, Perry-Smith J E. Effects of Social-Psychological Factors on Creative Performance：The Role of Informational and Controlling Expected Evaluation and Modeling Experience [J]. Organizational Behavior and Human Decision Processes，2001，84（1）：1-22.

时期内获得的创造力奖励金额衡量个体创新能力[1]。Cross 和 Cummings（2004）通过设计评级打分表（项目负责人对个体的工作效率、创新能力及合作能力进行打分，同时让团队成员和客户对个体表现进行打分）综合体现个体的工作质量，用来衡量个体的绩效表现[2]。

（二）组织层面社会网络

1. 组织层面社会网络对创新影响的研究

利用社会网络在组织层面进行的创新研究相对集中，主要是通过分析企业之间知识、人才、资源等的流动构建由企业组成的集群或联盟网络，研究其对企业创新绩效的影响。Uzzi（1997）利用田野调查法构建了 23 家创业企业之间的社会网络，发现了网络嵌入性对企业绩效有双重影响。一方面，到达阈值前，嵌入性有利于企业在分配效率及复杂适应性上的帕累托改进；另一方面，到达阈值后，嵌入性会使企业易受外部冲击或外部信息隔离，从而降低企业绩效。

首先，学者深入分析网络结构特征对企业创新绩效的影响。例如，企业在网络中的中心度越高，意味着企业可控制的资源和信息越多，从而企业的创新绩效越高（Powell，1996；刘善仕等，2017）[3][4]。此外，企业在网络占据结构洞位置，意味着该企业"桥连"网络中其他企业间的知识和信息传递，占据结构洞位置的企业可以获得更多来自外部企业的非冗余、异质信息，有利于企业更好地把控创新资源的流动，为企业带来竞争优势，推动企业创新（钱锡红等，2010；Zaheer and Bell，2005）[5][6]。

---

① Liao H, Liu D, Loi R. Looking at Both Sides of the Social Exchange Coin: A Social Cognitive Perspective on the Joint Effects of Relationship Quality and Differentiation on Creativity [J]. Academy of Management Journal, 2010, 53 (5): 1090-1109.

② Cross R, Cummings J N. Tie and Network Correlates of Individual Performance in Knowledge-Intensive Work [J]. The Academy of Management Journal, 2004, 47 (6): 928-937.

③ Powell W W. Interorganizational Collaboration and the Locus of Innovation: Networks of Learning in Biotechnology [J]. Administrative Science Quarterly, 1996, 41 (1): 116-145.

④ 刘善仕，等. 人力资本社会网络与企业创新——基于在线简历数据的实证研究 [J]. 管理世界，2017 (7): 88-98.

⑤ 钱锡红，杨永福，徐万里. 企业网络位置、吸收能力与创新绩效——一个交互效应模型 [J]. 管理世界，2010 (5): 118-129.

⑥ Zaheer A, Bell G G. Benefiting from Network Position: Firm Capabilities, Structural Holes, and Performance [J]. Strategic Management Journal, 2005, 26 (9): 809-825.

其次，除了关注网络结构特征对企业创新的影响外，学者进一步关注了网络中的节点企业特征，如节点企业所拥有的创新资源（专利数、创新人员数等）。赵炎和王燕妮（2017）通过构建企业间联盟创新网络发现，企业自有创新资源越多则企业创新能力越强，创新联盟网络中外部伙伴创新资源对企业创新没有显著影响①。同时，赵炎和王冰（2014）继续对企业的创新网络特征和创新资源的综合作用对企业知识创造的影响进行分析，发现联盟伙伴的创新资源和能力发挥了正向调节作用②。

最后，部分学者关注了企业网络的动态演化过程，如学者 Jiang 和 Fallah（2009）实证分析了集群创新网络中的知识流动与网络结构的动态变化③。Baum 等（2010）通过模拟联盟创新网络动态发展过程，发现只有基于知识共享合作学习④。朱海燕和魏江（2009）实证了知识密集型服务机构嵌入企业集群网络的动态过程，系统揭示了集群网络结构（网络密度、网络中介性与网络凝聚性）对知识密集型企业的影响及其演化动力因素⑤。

2. 企业层面创新绩效的衡量

通过对现有文献进行梳理，根据衡量角度的不同，可以将衡量企业创新绩效的标准归纳为三类（创新产出数量、创新产出质量及综合创新产出的数量和质量的角度）对企业创新绩效进行衡量。

（1）从创新产出数量角度衡量企业创新。

许多学者直接采用企业的专利数量或创新产品数量衡量企业创新绩效（Arundel and Kabla, 1998; Katila and Ahuja, 2002; Owen–Smith and Powell,

①　赵炎，王燕妮．越强越狭隘？企业间联盟创新网络的证据——基于资源特征与结构特征的视角［J］．科学学与科学技术管理，2017（5）：117-127.

②　赵炎，王冰．战略联盟网络的结构属性、资源属性与企业知识创造——基于中国生物医药产业的实证研究［J］．软科学，2014（7）：59-64.

③　Jiang H, Fallah M H. Is Inventor Network Structure a Predictor of Cluster Evolution?［J］. Technological Forecasting & Social Change, 2009, 76（1）：91-106.

④　Baum J A C, Cowan R, Jonard N. Network-Independent Partner Selection and the Evolution of Innovation Networks［J］. Management Science, 2010, 56（11）：2094-2110.

⑤　朱海燕，魏江．集群网络结构演化分析——基于知识密集型服务机构嵌入的视角［J］．中国工业经济，2009（10）：58-66.

2004；许冠南，2008；徐蕾等，2013）①②③④⑤，这些数据易获取、相对稳定和可靠，得到了大部分学者的认同。同时，学者赵炎和王燕妮（2017）在考虑时滞效应的情况下，以企业进入联盟网络不同时间节点后的专利申请和授权获批数量衡量企业的创新能力⑥。

部分学者对客观创新数据进行一定结构化处理后，来衡量企业的创新绩效。例如，一些学者使用企业发明与专利之和的对数值来表征企业的创新绩效（Ahuja，2000；Stuart，2015）⑦⑧；有学者分别使用企业发明专利的平均专利知识宽度（高林等，2014）⑨、发明专利与申请专利之比（蔡绍洪、俞立平，2017）⑩来衡量企业创新产出；解学梅（2010）将企业近3年的新产品销售收入比、产品创新比和工艺创新比分为5个评分等级衡量企业创新绩效⑪。

（2）从创新产出质量角度衡量企业创新。

虽然创新产出数量可以衡量创新产出，但创新产出质量是创新的核心，再多的数量，如果没有高质量支撑，创新产出也就无从谈起。Haner（2002）最早提出企业创新质量，认为创新质量应包括产品或服务质量、过程质量及经营质量三

① Arundel A, Kabla I. What Percentage of Innovations Are Patented? Empirical Estimates for European Firms [J]. Research Policy, 1998, 27 (2): 127-141.

② Katila R, Ahuja G. Something Old, Something New: A Longitudinal Study of Search Behavior and New Product Introduction [J]. Academy of Management Journal, 2002, 45 (6): 1183-1194.

③ Owen-Smith J, Powell W W. Knowledge Networks as Channels and Conduits: The Effects of Spillovers in the Boston Biotechnology Community [J]. Organization Science, 2004, 15 (1): 5-21.

④ 许冠南. 关系嵌入性对技术创新绩效的影响研究——基于探索型学习的中介机制 [D]. 杭州：浙江大学博士学位论文，2008.

⑤ 徐蕾，魏江，石俊娜. 双重社会资本、组织学习与突破式创新关系研究 [J]. 科研管理，2013 (5): 39-47.

⑥ 赵炎，王燕妮. 越强越狭隘？企业间联盟创新网络的证据——基于资源特征与结构特征的视角 [J]. 科学学与科学技术管理，2017 (5): 117-127.

⑦ Ahuja G. Collaboration Networks, Structural Holes, and Innovation: A Longitudinal Study [J]. Administrative Science Quarterly, 2000, 45 (3): 425-455.

⑧ Stuart T E. Interorganizational Alliances and the Performance of Firms: A Study of Growth and Innovation Rates in a High-Technology Industry [J]. Strategic Management Journal, 2015, 21 (8): 791-811.

⑨ 高林，贺京同，那艺. 创新数量、质量及其激励的异质影响 [J]. 北京理工大学学报（社会科学版），2014 (4): 92-98.

⑩ 蔡绍洪，俞立平. 创新数量、创新质量与企业效益——来自高技术产业的实证 [J]. 中国软科学，2017 (5): 30-37.

⑪ 解学梅. 中小企业协同创新网络与创新绩效的实证研究 [J]. 管理科学学报，2010 (8): 51-64.

个方面[1]。杨幽红（2013）认为只有被市场认可并成功转化成实际生产力，实现经济效益的创新，才是高质量的创新[2]。很多学者从创新质量方面选取相应指标衡量企业创新绩效，但选取的具体指标有所区别。例如，Cooper 和 Kleinschmidt（1996）[3]、Ritter（1999）[4] 将蕴含创新质量的创新成功率用来衡量企业的创新绩效；Alegre 等（2006）综合创新的效能和效率来衡量产品创新绩效[5]；张古鹏和陈向东（2011）、张古鹏等（2011）使用专利授权率和付费期长度来测度创新产出质量[6][7]。

（3）从综合创新产出数量与质量角度衡量创新产出。

为了全面考虑创新产出，有学者综合考虑了创新产出的数量及质量，或通过设计囊括创新产出数量和质量的成熟量表进行问卷调查；或通过构建企业创新能力评价指标体系等方法，得到更为全面的创新产出衡量标准。

陈劲和陈钰芬（2006）构建了涵盖数量和质量两个维度的企业技术创新绩效的指标评价体系，从创新产出和创新过程两方面绩效对企业创新绩效进行测量[8]。West 和 Anderson（1996）综合创新数量与创新质量衡量团队创新绩效，其中创新质量又包含了创新的突破性、重要性和新颖性三个方面[9]。Valle 和 Avella（2003）从内部绩效（新产品的质量、创新性、项目成本及时间等）和外部绩效（新产品销售额、利润等）两个方面对团队绩效进行了衡量，内外部绩效中均包

① Haner U E. Innovation Quality—A Conceptual Framework［J］. International Journal of Production Economics，2002，80（1）：31-37.

② 杨幽红. 创新质量理论框架：概念、内涵和特点［J］. 科研管理，2013（S1）：320-325.

③ Cooper R G, Kleinschmidt E J. Winning Businesses in Product Development：The Critical Success Factors［J］. Research Technology Management，1996，50（4）：18-29.

④ Ritter T. The Networking Company：Antecedents for Coping with Relationships and Networks Effectively［J］. Industrial Marketing Management，1999，28（5）：467-479.

⑤ Alegre J, Lapiedra R, Chiva R. A Measurement Scale for Product Innovation Performance［J］. European Journal of Innovation Management，2006，9（4）：333-346.

⑥ 张古鹏，陈向东. 基于专利的中外新兴产业创新质量差异研究［J］. 科学学研究，2011（12）：1813-1820.

⑦ 张古鹏，陈向东，杜华东. 中国区域创新质量不平等研究［J］. 科学学研究，2011（11）：1709-1719.

⑧ 陈劲，陈钰芬. 开放创新体系与企业技术创新资源配置［J］. 科研管理，2006，27（3）：1-8.

⑨ West M A, Anderson N R. Innovation in Top Management Teams［J］. Journal of Applied Psychology，1996，81（6）：680-693.

含了创新的质量和数量两个维度①。

## 四、文献评述

综上所述，发现：

（1）前人研究已经表明，开放式创新平台的交互设计会促进用户之间的知识分享，进而影响用户的创新绩效。因此，多数理论研究建议平台要注重其用户交互机制的设计。然而，现有研究对用户交互的测量大多停留在用户交互是否存在层面，并未清晰、准确地刻画和描述用户之间的交互关系。无法准确描述用户之间的交互关系，也就无法知晓用户之间的知识分享水平和知识交换机制，更无法厘清在线用户交互行为对用户创新产出的影响。

（2）已有大量研究利用社会网络分析法分析个人或组织社会网络对创新的影响，证实了社会关系网络有利于提高个人或企业的创新绩效。但这些研究大多是聚焦于现实中的社会关系网络进行的，基于互联网的在线交互行为构建的社会网络很少，鲜有学者关注开放式创新平台中的社会关系网络。一般而言，线下交互数据收集往往通过观察法或问卷法进行，收集成本高且容易出现偏差。尤其是当网络非常庞大时，观察法需要的成本更高，可能导致收集的网络数据不够全面。问卷法一般是通过问卷形式进行的，问卷填写人需根据记忆，并主观判断是否与其他创新主体存在关系，以及关系强度如何。可能会由于填写人的记忆不准确造成一定的数据偏差（如遗漏了过去某段关系）。

互联网技术和 Web2.0 的迅速发展，使在线用户可以在互联网平台上产生多种交互行为，形成交互网络。所有用户的交互信息都会被准确记录，加之开放式创新平台的公开透明性，使收集用户交互关系网络的数据成为可能。同时，计算机自动存储的数据相比人工填写问卷更加客观准确，保证了在线交互数据的准确性和全面性。

---

① Valle S, Avella L. Cross-Functionality and Leadership of the New Product Development Teams [J] . European Journal of Innovation Management, 2003, 6 (1): 32-47.

（3）以往研究多从数量和质量两方面来考虑创新产出，为衡量互联网平台上的创新产出提供了参考。但以往研究多以新产品绩效、专利产出数来衡量创新产出，对于没有转化成产品、专利或科研论文的创新则无从考量。基于互联网的创新平台鼓励用户将最原始的创意成果在平台中进行展示，提供了一种新的衡量个人创新产出的方法。

因此，本书拟构建社会关系网络准确描述用户之间的交互关系，以创新用户产出的原始创意成果来衡量创新产出，并从创新产出数量和质量两方面进行综合考虑，深入研究开放式创新平台社会关系网络如何影响用户创新产出。

# 第二节　理论基础与方法

## 一、社会资本理论

社会资本理论是社会关系网络影响创新绩效的理论基础，社会资本理论认为，用户所嵌入的社会网络决定了用户所拥有的社会资本，这些社会资本会进一步影响用户创新绩效。

（一）社会资本的概念

20世纪70年代，"社会资本"概念最早被社会学家皮埃尔·布迪厄①（Bourdieu，1986）引入社会学领域，他将社会资本视为与经济资本、文化资本

---

① Bourdieu P. The Forms of Capital ［M］//Richardson J G. Handbook of Theory & Research of for the Sociology of Education. Westport, CT: Greenwood Press, 1986.

并列的 3 种资本之一 。随后，詹姆斯·科尔曼①②、林南③④⑤、罗伯特·普特南⑥等众多学者分别对社会资本做了详细论述，奠定了社会资本理论的基础，并引起社会学、管理学及其他领域的广泛关注。

皮埃尔·布迪厄所提出的社会资本理论是针对社会系统的整体层面而言的，他认为社会联系（如从事社交活动、寻找共同的兴趣爱好）可以创造社会资本，社会资本是个体或团体所拥有的社会联系的总和。布迪厄的社会资本理论重点阐述了两个方面：①社会资本是社会联系的总和；②社会资本来源于社会联系的建立、维持和社会交换（Bourdieu，1986）。

随后，詹姆斯·科尔曼在其著作《社会理论的基础》一书中对社会资本进行了较系统和全面的论述，并从功能性角度定义了社会资本，进一步扩大了其概念范围，"（社会资本）是由社会结构的某些方面所组成，而且它们有利于处在结构中的个人的特定行动"（Coleman，1990）⑦。科尔曼的社会资本理论涵盖了三方面内容：① 社会资本是社会结构的"某些方面"，可以理解为有助于"特定行动"的社会联系及其结构；② 社会资本是被社会联系及其结构创造出来的；③ 社会资本有利于个体行动。特别地，科尔曼认为，社会资本能否被创造出来在于个体与他人在社会交换过程中所产生的义务，即社会交换中的互惠，具有可信任感（Trustworthiness）的环境可以促进互惠的产生，进而使社会联系创造出社会资本。

① Coleman J S. Social Capital in the Creation of Human Capital [J]. American Journal of Sociology, 1988 (94): 95-120.

② Coleman J S. Foundations of Social Theory [M]. Cambridge, MA: Belknap Press of Harvard University Press, 1990.

③ Lin N. Social Resources and Social Mobility: A Structural Theory of Status Attainment [M] //R L Breiger. Social Mobility and Social Structure. Cambridge: Cambridge University Press, 1990.

④ Lin N. Social Capital: A Theory of Social Structure and Action [M]. Cambridge: Cambridge University Press, 2002.

⑤ Lin N. A Network Theory of Social Capital [M] //D Castiglione, J W van Deth, G Wolleb. The Handbook of Social Capital. Oxford: Oxford University Press, 2008.

⑥ Putnam R D. Bowling Alone: The Collapse and Revival of American Community [M]. New York: Simon & Schuster, 2000.

⑦ Coleman J S. Foundations of Social Theory [M]. Cambridge, MA: Belknap Press of Harvard University Press, 1990.

林南则从社会资源角度来阐述社会资本，他认为个体之间通过交互形成了社会关系网络，社会资本指的是嵌入在社会网络和社会联系中有价值的资源组合，个体行动者在采取行动时可以通过调用（获取或动员）社会资本达到一定目的（Lin，1998）[①]。林南的社会资本理论考虑的是个人层面的资本，关注社会资本对目的性行动的作用，以及这种社会资本能为个体行动带来的利益。具体而言，个体行动者可以通过直接或间接的社会关系来调用嵌入在社会网络中的社会资源，包括他人拥有的物质资源（如财富）和象征资源（如声誉、教育、权利等）（Lin，2002）[②]，行动者对社会资本的调用是通过借取，并非通过拥有实现的，也就是说，社会资本中所嵌入的资源并非是行动者个人所拥有的，而是由行动者所在位置决定的。同时，与科尔曼的观点类似，林南也认为调用和使用社会资本的前提是假定联系双方互惠义务的存在（林南，2005）[③]。

　　由于本书所考虑的是创新用户的社会关系网络对创新产出的影响，属于个体层面，考虑个体创新用户利用社会网络动员和调用社会资源对目的性行动（创新产出）的影响，因此本书所指的社会资本是林南所阐述的社会资本。

　　（二）互惠——社会资本产生的前提

　　社会交换理论认为互惠（Reciprocity）是人与人之间互动的基础（Homans，1961）[④]。具体而言，互惠是指一套被社会接受的提供资源的施惠方要求另一方回馈的交易规则（Wu et al.，2006）[⑤]，在人与人的交互过程中，行动者个体相互都有能为对方提供价值的行为，如果一方对另一方做出了有价值的行为，那么另一方就有义务和责任给予回报，该以何种方式回报，大多依靠主观判断，或基于双方之间的关系，由此完成社会交换。

　　社会交换并不等同于经济交换，以"经济人"为假设前提的经济交换讲求

　　①　Lin N. Social Resources and Social Actions［M］. Cambridge：Cambridge University Press，1998.

　　②　Lin N. Social Capital：A Theory of Social Structure and Action［M］. Cambridge：Cambridge University Press，2002.

　　③　林南. 社会资本：关于社会结构与行动的理论［M］. 张磊，译. 上海：上海人民出版社，2005.

　　④　Homans G C. Social Behavior：Its Elementary Forms［M］. New York：Harcourt，Brace & World，1961.

　　⑤　Wu J B，et al. The Norm of Reciprocity：Scale Development and Validation in the Chinese Context［J］. Management & Organization Review，2006，2（3）：377-402.

交换的价值完全等价，一般以货币价值来衡量，追求利益的最大化，有明确的交换规则。人与人之间的互动交换讲究"互惠"，依靠的是信任和社会规范，并没有明确的交换规则，交换的物品、服务或社会赞同的价值大多依靠主观判断，而非用货币价值衡量。值得注意的是，社会交换本身而非交换的物品更有意义。

一般而言，人与人之间信任的程度会影响彼此之间的社会交换活动。人与人之间信任度越高，对方针对酬赏给予的回报可能越大，人与人之间信任度越低，对方针对酬赏给予的回报可能越小（彼得·M. 布劳，2012）①。成功获得回报的社会交换会增加彼此的信任，有利于下一次交换的成功，以及提高互惠的价值。

美国人类学家马歇尔·萨林斯通过长期的实地调查发现，社会交换过程中人与人之间的互惠模式存在很多转变和不同种类，并总结归纳出三种互惠类型——慷慨互惠（Generalized Reciprocity）、等价互惠（Balanced Reciprocity）和消极互惠（Negative Reciprocity）（马歇尔·萨林斯，2009）②。慷慨互惠反映的是利他的行为方式，即施惠者自愿主动付出，并不要求对方在期限内给予相应的回报，施惠者的施惠不依赖对方的行为，对方不回报也不会导致施惠者停止施惠。等价互惠反映的是等价的互利行为，即当施惠者出于一定的经济或社会目的为另一方付出时，受惠者及时给予价值或用途对等的回报。等价互惠过程一般并没有明确规定的交换规则，但等价互惠的双方会凭借信任寻求一种"交换条件"的交换，并在交换中相互维护彼此的利益，使彼此都能从中受益（胡琴芳，2015）③。消极互惠反映的是高度自利性的行为，行动方想方设法攫取最大利益，不愿付出只想得到回报。消极互惠强调你争我夺的直接竞争，其采取交换行动的唯一目的就是进行纯粹的经济交换，实现利益最大化（邹文篪等，2012）④。

---

① 彼得·M. 布劳. 社会生活中的交换与权力（第2版）[M]. 李国武，译. 北京：商务印书馆，2012.

② 马歇尔·萨林斯. 石器时代经济学 [M]. 张经纬，郑少雄，张帆，译. 北京：生活·读书·新知三联书店，2009.

③ 胡琴芳. 基于连带责任的供应商集群内机会主义行为治理研究：萨林斯的互惠理论视角 [D]. 武汉：武汉大学博士学位论文，2015.

④ 邹文篪，田青，刘佳. "投桃报李"——互惠理论的组织行为学研究述评 [J]. 心理科学进展，2012（11）：1879-1888.

此外，根据回报预期来自的对象不同，还可将互惠行为分为直接互惠和间接互惠（Trivers，1971）①。当回报直接来自受惠人时，直接互惠产生；当回报并非直接来自受惠人，而是来自受惠人之外的某人时，间接互惠才发生（师伟，2012）②。

（三）社会资本理论重要命题

林南（2005）将社会资本理论归纳为几个重要命题，包括社会资本回报命题和社会资本获取命题。

1. 社会资本回报命题

获得和使用好的社会资本有利于个体行动的成功。好的社会资本可调用的资源具有可达性、异质性、广泛性（社会资本的测量见图 2-1），与图中特性未完全对应接近拥有或能够获取高价值资源的行动者更能实现目标。

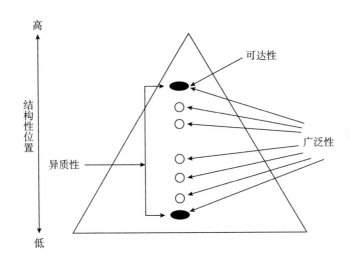

**图 2-1　社会资本的测量**

资料来源：林南．社会资本：关于社会结构与行动的理论［M］．上海：上海人民出版社，2005.

---

① Trivers R L. The Evolution of Reciprocal Altruism ［J］. Quarterly Review of Biology，1971，46（1）：35–57.

② 师伟．基于 DK 动机公平模型的互惠效应研究［D］．重庆：重庆大学博士学位论文，2012.

2. 社会资本获取命题

林南认为，有三个因素可以影响个体是否能够获取好的社会资本——个体在等级结构中的位置（Position）、个体在网络中的位置（Location）、个体与其他个体之间的关系性质，提出了有关社会资本获取的四个命题。

地位强度/结构位置命题：初始等级结构位置越好，行动者越可能获取和使用好的社会资本。具有好的社会位置的人，在获取和动员好的社会资源和社会关系上具有优势。

网络位置强度命题：个体越靠近网络中的桥梁，他们在工具性行动中获取的社会资本越好。社会桥（Social Bridge）是两个群体的行动者之间的连接，可以使信息从一个圈子流向另一个圈子，承担着尽可能地获取嵌入在两个群体中的资源的重要功能。桥梁可以使一个关系圈子中的某个个体通过桥梁获取嵌入在另一个关系圈子中的某节点个体的资源。Burt（1992）提出的结构洞理论是对桥梁作用的深入探讨，桥梁和结构洞是描述网络位置战略重要性的两种方法。

关系强度命题：个体与其他个体之间的社会关系越强，获取的社会资本越可能对表达性行动的成功有正向影响。个体与其他个体之间的社会关系越弱，越可能获得优质性高、异质性强的社会资本，越有利于工具性行动。社会关系强度可以从关系的强烈程度、亲密度、交往频率（可信任性）、互惠义务和相互承认义务这几方面综合考虑进行区分（Granovetter，1973）[1]。强关系建立在情感、信任、资源和生活方式相近似的基础上，关系越强，越有可能彼此共享和交换资源，有利于维持和强化既有资源，这与表达性行动相一致。弱关系与更多的非相似资源相联系，根据马克·格兰诺维特的假设，弱关系代表着有联系的两个个体处于两个有差异的社会圈子，弱联系是连接两个不同社会圈子的桥梁，有助于个体接触到异质性资源，也就有利于工具性行动的成功。因此，林南认为，弱关系强度观点是位置强度命题的一个替代命题。

位置与地位交叉命题：对于工具性行动，网络位置（Location）强度视桥梁所连接的不同资源的丰富度而定。对于两个同样都是处于桥梁的网络位置，哪个

---

① Granovetter M S. The Strength of Weak Ties [J]. American Journal of Sociology, 1973, 78 (6): 1360-1380.

桥梁位置联系的资源价值高，哪个桥梁位置就有利于获取更优质的社会资本。这意味着网络中的位置优势还取决于其可接近的等级社会结构位置（Position）中的等级高度。

总结以上命题，社会资本理论认为，个体在社会网络中占据的特定社会结构位置（Position）和网络位置（Location）反映了个体在社会网络中的地位，以及控制资源、信息与知识的能力，决定了其社会资本的多寡，进而决定了其所获回报（Lin，2002）[1]，图2-2展示了社会资本理论模型。

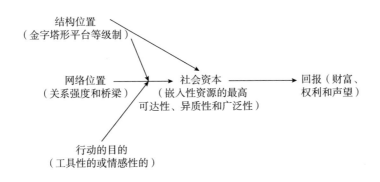

**图2-2　社会资本理论模型**

资料来源：林南. 社会资本：关于社会结构与行动的理论［M］. 上海：上海人民出版社，2005.

## 二、社会网络分析方法

社会网络分析方法是一种研究多个个体之间动态关系的方法，其由节点和连线组成，节点代表社会网络中的个体，连线代表了个体节点间的社会关系，用连线将节点按照一定社会关系连接起来，就形成了社会关系网络图。社会网络分析中的节点可以是个人、组织，也可以是知识、技术，节点之间的关系可以是个人之间的朋友关系、组织间的联盟关系，也可以是知识间的共现关系或技术间的引

---

① Lin N. Social Capital：A Theory of Social Structure and Action ［M］. Cambridge：Cambridge University Press，2002.

证关系等（张克群等，2016）①。

社会网络理论认为，个体的属性和特征是由其社会结构和社会关系塑造的。社会网络分析的任务就是描述个体所在社会结构，并理解这种结构如何影响个体的属性和特征，即通过模拟个体之间的社会关系来描述一个群体的结构，进而可以研究这种结构如何影响群体运作，或影响个体的行为或特征（Wasserman and Faust，1994）②。

关于社会网络分析方法的应用，一方面，该方法可以将社会结构用数学的方式进行清晰的描述和表达，将理论概念转化为可测度的网络分析描述性技术，使网络中个体之间的关系可以被测度和量化，关注网络结构和网络进程。另一方面，还可以将该方法与预测相结合，将社会网络分析所测度的社会结构作为理解个体行为的解释性因素，如企业在创新联盟网络中的社会结构和所形成的社会关系会对企业创新绩效产生一定的影响（Powell，1996；Zaheer and Bell，2005）③④。

（一）网络图基本概念

图 $G = (V, E)$ 是一种包含"节点"（Nodes）集合 $V$ 与"边/弧"（Edges/Arc）集合 $E$ 的数学结构。节点集合 $V = \{v_1, v_2, v_3, \cdots, v_g\}$ 代表 $g$ 个行动者，边/弧集合 $E = \{e_1, e_2, e_3, \cdots, e_n\}$ 代表节点与节点之间的联系。当节点之间的联系无向时，这种联系被称为边，所形成的图为无向图；当节点之间的联系为有向联系时，这种联系被称为弧，所形成的图为有向图。如果边/弧集合中没有重复的节点组合对，则同一对节点间不存在多重边/弧。如果一个图中没有多重边/弧，也没有节点与它自身连接的边，即回环（Loop），那么这个图是简单图（Simple Graph）；如果存在前两者中的任一项，就是多重图（Multi-Graph）。

---

① 张克群，等. 基于社会网络分析方法的专利价值影响因素研究 [J]. 科学学与科学技术管理，2016（5）：67-74.

② Wasserman S, Faust K. Social Network Analysis: Methods and Applications [M]. Cambridge: Cambridge University Press, 1994.

③ Powell W W. Interorganizational Collaboration and the Locus of Innovation: Networks of Learning in Biotechnology [J]. Administrative Science Quarterly, 1996, 41（1）：116-145.

④ Zaheer A, Bell G G. Benefiting from Network Position: Firm Capabilities, Structural Holes, and Performance [J]. Strategic Management Journal, 2005, 26（9）：809-825.

（二）节点中心度

节点中心度（Degree Centrality）是指与节点相连的边的数量，计算公式如式（2-1）所示，节点中心度反映了个体在网络中的活跃程度或参与度。节点中心度是节点中心性的重要测度指标之一，节点中心度高的节点代表其与很多其他节点有直接关系，代表其是资源、信息的主要渠道，占据了网络中的中心地位，节点中心度低的节点显然位于网络的周边位置。

$$d(n_i) = \sum_j x_{ij} \tag{2-1}$$

在有向图中，节点中心度分为节点入度、节点出度、节点总度。其中，节点入度是指向该节点的弧的条数，节点出度是从该节点引出的弧的条数，节点总度是节点入度和出度之和。在有向图中，声望的衡量比中心度的衡量更重要。节点入度也被称为度数声望，入度高代表该节点个体成为其他个体争相联系的目标，在网络中具有较高声望。

（三）结构洞理论

Burt（1992）在社会网络和社会资本理论的基础上提出了结构洞理论，是对社会网络中桥梁作用的深入探讨[①]。Burt认为，同质的、重复的网络并不会带来社会资本的增加，而通过与分散的、非重复的一组组联结点联系从而占据中心位置的节点，拥有更多的网络资源，这些节点控制着与其他节点之间的资源流动，使其处于更有权力的位置。结构洞就是非冗余联系人（Non-Redundant Contact）之间的缺口，两个非冗余联系人通过一个结构洞"联系"起来，占据或接近更多结构洞的节点个体，更可能实现工具性行动的成功。

对结构洞的描述如图2-3所示，假设图中个体B、C、D分别拥有不同的社会资源，则个体A具有3个结构洞BC、BD、CD（如虚线所示）。因为B、C、D三个个体之间没有联系，只有个体A同时与这3个人有联系。非冗余联系人B、C、D通过结构洞被隔离开来，简单地说他们彼此之间没有直接联系，A却同时与B、C、D相连接，可以同时调用B、C、D所拥有的非重复社会资源，这显示了结构洞带来的信息利益。同时，A处于网络的中心位置，控制着B、C、D节

① Burt R S. The Social Structure of Competition [J]. Economic Journal, 1992, 42 (22): 7060-7066.

点之间的资源流动，B、C、D 必须通过 A 才能与对方发生联系，从而使 A 处于更有权力的位置，这显示了结构洞带来的控制利益。因此，结构洞使 A 具有明显的竞争优势，更有利于工具性行为的成功。

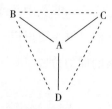

**图 2-3　结构洞描述——A 的个人人际网络**

资料来源：罗纳德·S. 伯特. 结构洞：竞争的社会结构［M］. 任敏，等译. 上海：格致出版社，上海人民出版社，2008.

判断是否存在结构洞有两个标准——凝聚力（Cohesion）和结构等位（Structural Equivalence），结构洞存在于这两个条件都缺失的地方。对凝聚力标准而言，如果个体 A、B 之间关系是强关系的话，他们就是冗余的联系人，当个体 C 与 A、B 中的任一个有接触时，C 就可以轻而易举地接近另一个人，因此凝聚力会带来冗余。对结构等位标准而言，如果两个人拥有一样的联系人，他们在结构上就处于同等位置，他们会因为导向同样的信息资源而产生冗余。图 2-4 展示了凝聚力冗余和结构等位冗余的结构，图中的两种冗余都导致了"You"付出了与 3 个人维持关系的代价，却只获得了 1 个非冗余联系人。

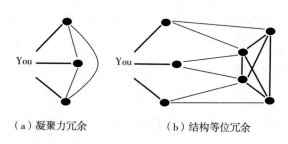

（a）凝聚力冗余　　　　　　　（b）结构等位冗余

**图 2-4　凝聚力冗余和结构等位冗余的结构**

注：粗线代表强关系，即信息相似；细线代表冗余关系。

资料来源：罗纳德·S. 伯特. 结构洞：竞争的社会结构［M］. 任敏，等译. 上海：格致出版社，上海人民出版社，2008.

（四）结构洞的测算——网络约束

网络约束（Network Constraint）是测算结构洞的一个重要指标。网络约束是指自我节点 $i$ 因与其他节点相连所受到的约束程度，与节点 $i$ 可获取权利呈反向关系，约束越高，$i$ 可获取的资源和信息越少。网络约束表征了个体网络的闭合性，即网络中自我节点 $i$ 与其他节点直接或间接的紧密程度，网络约束越低，与 $i$ 相连的其他节点所覆盖的网络越开放，网络越富含结构洞，越富有信息利益和控制利益。

具体来讲，节点 $j$ 可以通过以下两种方式约束自身节点 $i$：①自身节点 $i$ 在与 $j$ 建立关系上投入了大量的时间和精力；②节点 $j$ 周围鲜有结构洞，自身节点 $i$ 难以通过结构洞获得可观的回报。因此，计算结构洞网络约束系数的具体步骤如下：

第一步，计算节点 $i$ 与节点 $j$ 的关系强度 $p_{ij}$，即 $i$ 投入到 $j$ 中的关系占 $i$ 投入总关系的比例。其中，$a_{ij}$ 指 $i$，$j$ 两点间的边的属性值。

$$p_{ij} = \frac{a_{ij} + a_{ji}}{\sum_q a_{iq} a_{qj}} \tag{2-2}$$

第二步，计算自身节点 $i$ 与节点 $j$ 相连受到的约束程度，即自身节点 $i$ 因联系人 $j$ 周围缺少一个结构洞而受到的约束：

$$C_{ij} = \left( p_{ij} + \sum_q p_{iq} p_{qj} \right)^2, \ (q \neq i, j) \tag{2-3}$$

其中，$p_{ij}$ 是 $i$ 与 $j$ 的关系强度，即 $i$ 投入到 $j$ 中的关系占 $i$ 投入总关系的比例。约束 $C_{ij}$ 的最小值为 $p_{ij}$ 的平方（$j$ 与其他人都无联系），最大值为 1（$j$ 是自身节点 $i$ 的唯一联系人）。

第三步，计算节点 $i$ 的网络总约束水平：

$$C_i = \sum_j C_{ij} \tag{2-4}$$

# 第三章 开放式创新平台社会关系网络构建及特征分析

若要研究开放式创新平台社会关系网络如何影响用户创新，用户交互关系数据的获取和社会关系网络的构建是研究的基石。本章主要工作是通过收集详尽的用户交互数据构建开放式创新平台社会关系网络，并对其进行初步的社会网络分析。首先，根据数据可获取性和案例典型性原则，选取乐高自建的 LEGO Ideas 平台为开放式创新平台典型代表；其次，编写爬虫程序获取平台开放的用户交互数据，并进行数据清洗和数据处理；再次，利用 Python 的社会网络工具包 NetworkX 和社会网络分析软件 Pajek 构建乐高开放式创新平台社会关系网络；最后，对社会关系网络进行特征分析。

## 第一节 开放式创新平台选取

根据企业建立开放式创新平台时所预设的开放程度，可将开放式创新平台分为半开放式创新平台和完全开放式创新平台。半开放式创新平台是指企业平台只向部分封闭群体开放，并非任何机构都能加入，常以企业创新联盟平台或企业供应链平台的形式出现。例如，宝洁公司建立半开放式创新平台，将自身价值链中的创新活动与长期合作的、相对稳定的大型供应商的创新活动结合在一起，只有相关企业的人员才可以参与其中。完全开放式创新平台是指企业建立的开放式创新平台向所有人完全开放，任何个体都可以作为创新方加入平台，如戴尔的 Idea Storm 平台、乐高的 LEGO Ideas 平台、海尔的众创意平台等。因此，完全开放式创新平台的数据获取较半开放式创新平台更容易。在完全开放式创新平台中，用户的所有交互信息都会被准确记录，再加上开放式创新平台的公开透明性，使收集用户基于交互形成的关系网络数据易于实现。

本书兼顾数据可获取性和案例典型性原则，最终选取乐高开放式创新平台——LEGO Ideas 为研究样本构建社会关系网络。

（1）数据可获取性。LEGO Ideas 是一个基于互联网的面向全球开放的开放式创新平台，参与用户不受任何身份、地位、时间、地域的限制，可以自由在平台中浏览他人所发表的创意，并支持、评论、追随创意等，或者也可以自己发布创意。同时，平台向公众公开所有用户的基本数据（隐私数据除外）（见图 3-1、图 3-2）和所有创意的数据（见图 3-3、图 3-4），保证了数据的可获取性，以及数据的准确性和全面性。

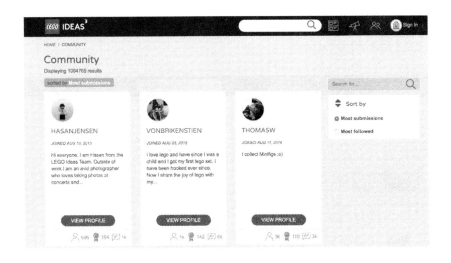

**图 3-1 LEGO Ideas 平台所有用户的展示页面（部分）**

注：日期为 2019 年 3 月 7 日。

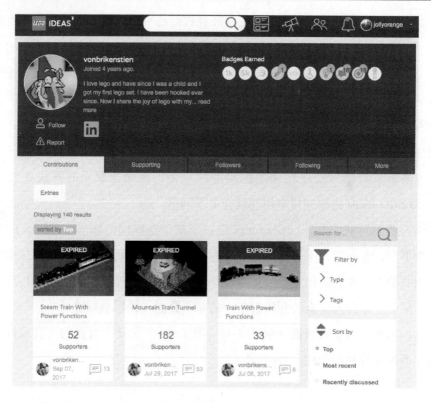

**图 3-2  LEGO Ideas 平台某用户的用户信息页面（部分）**

注：日期为 2019 年 3 月 7 日。

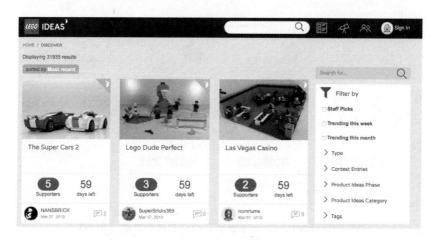

**图 3-3  LEGO Ideas 平台所有创意的展示页面（部分）**

注：日期为 2019 年 3 月 7 日。

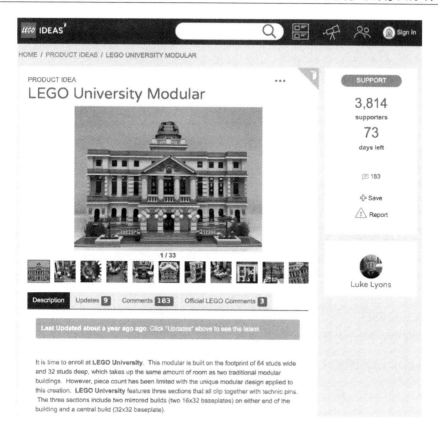

**图 3-4 LEGO Ideas 平台某创意的详细信息页面（部分）**

注：日期为 2019 年 3 月 7 日。

（2）案例典型性。LEGO Ideas 是乐高集团为了收集来自全球乐高粉丝的创意而建立的创新平台，是一个企业自建完全开放式创新平台的典型成功案例。由于乐高玩具的高知名度，乐高用户遍布全球各地，使 LEGO Ideas 平台自上线后就被广泛认可。借助 LEGO Ideas 平台，乐高成功吸引了众多乐高粉丝贡献自己的原创创意模型。截至 2018 年底，乐高创意平台拥有超过 100 万名注册用户，平台用户累计发布乐高模型作品超过 3 万个，并且已有几十个作品被乐高选中投入生产和销售，多款套装在市场上畅销不衰，如 WALL·E 系列和 LEGO Minecraft 系列。

## 第二节　乐高开放式创新平台简介

LEGO Ideas（ideas. lego. com）是乐高集团为了收集来自全球乐高粉丝的创意而建立的开放式创新平台，其前身为 LEGO CUUSOO 粉丝社区（2008 年成立）。2014 年 4 月，LEGO Ideas 平台正式上线，并将 LEGO CUUSOO 社区内的活跃用户和创意项目直接迁移到其中。

年满 13 周岁的任何人都可以在乐高开放式创新平台注册并发布（并非注册也非发布）自己的创意——乐高模型项目，并努力争取平台中其他人的支持。当一个乐高模型项目的总支持人数（Supporters）达到 10000 人时，就会进入乐高公司的官方评审，被乐高选中的模型便会被生产和销售。由于诱人的物质回报（销售额的 1% 和 10 套该乐高模型）和强烈的内在满足（如巨大的成就感、高声誉、创新能力的展示），模型项目发布者都会积极宣传自己的创意项目，期待自己的创意可以集齐 10000 票支持进入乐高官方评审。在乐高创意平台中，每个用户都可以给自己喜欢的创意项目投"支持"（Support），每个项目只能支持一次，但乐高并不限制用户支持创意项目的数量。同时，用户还可以"追随"（Follow）项目或项目发布者，随时关注项目动态，或者"评论"（Review）感兴趣的项目。

乐高开放式创新平台从用户的创新活跃性（如用户贡献的乐高模型项目数）、社交力（如用户评论的点赞数）和社区威望（如用户的追随者数量、用户发布项目的追随者数量）这三个方面对用户进行激励，奖励用户积分；同时，还对达到一定水平的用户授予相应勋章。乐高创意平台允许平台用户查看其他用户的个人页面，个人页面首页即显示该用户的积分值和所获取的勋章，如图 3-5 所示。另外，表 3-1 具体说明了用户积分和勋章的奖励办法。

**图 3-5 LEGO Ideas 平台某用户页面**

注：日期为 2018 年 1 月 1 日。

**表 3-1 乐高开放式创新平台用户积分和勋章的奖励办法**

| 勋章 | 勋章名称 | 勋章及勋章值内涵 |
|---|---|---|
| | 杰出人物（Luminary） | 用户发布的某创意项目拥有 100 名追随者（Followers），值为 0 或 1 |
| | 自传者（Autobiographer） | 用户已经完善 LEGO 个人简介 |
| | 先锋者（Pioneer） | 用户为原 LEGO CUUSOO（LEGO Ideas 前身）成员 |
| | 1k Club | 达到 1000 名支持者（Supporters）的项目数 |
| | 5k Club | 达到 5000 名支持者（Supporters）的项目数 |
| | 10k Club | 达到 10000 名支持者（Supporters）的项目数 |
| | 社交达人（Socializer） | 用户发布评论达到 100 赞（Likes），并且每增加 100 个，勋章值加 1 |
| | 测试实验室成员（Test Labber） | 用户参与 LEGO Ideas 测试实验室的次数 |

续表

| 勋章 | 勋章名称 | 勋章及勋章值内涵 |
|---|---|---|
| | 领头人（Trailblazer） | 用户拥有 100 名追随者（Followers），并且每增加 100 人，勋章值加 1 |

积分奖励办法：

用户每成功发布一个创意，奖励积分 5 分

用户每增加一名追随者，奖励积分 0.5 分

用户发布创意每增加一名追随者，奖励积分 0.5 分

用户发布评论每增加一个赞，奖励积分 0.1 分

同时，为了尽快从众多创意项目中筛选出优质创意，乐高平台制定了多阶段筛选机制。根据研究期间内的平台规定，每个项目在集齐 10000 名支持者之前须依次在规定时间内集齐 100 人支持数（60 天）、1000 人支持数（425 天）、5000 人支持数（607 天），未在规定时间内达到相应支持数的项目将会被淘汰，每个项目集齐 10000 人支持数的时间最长不得超过 790 天。每个用户都可以给自己认为优秀的创意项目投"支持"，但每个项目只能支持一次。

# 第三节　乐高开放式创新平台用户
# 交互数据获取与处理

## 一、用户交互数据获取

本章研究选取 LEGO Ideas 中 2017 年在平台发布过创意项目的创新用户（共 2043 名）为研究样本构建社会网络，利用 Python 软件编写网络爬虫，爬取样本用户 2017 年在乐高平台中的所有活动数据（见图 3-6），所有用户的所有活动数据共 27 万多条（包括交互数据和非交互数据）。

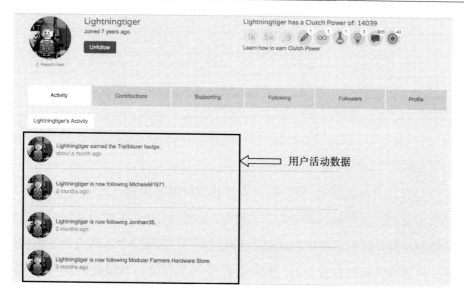

用户活动数据

**图 3-6 LEGO Ideas 平台某创新用户活动数据**

注：日期为 2018 年 1 月 2 日。

## 二、用户交互数据处理

在 LEGO Ideas 平台中，创新用户之间存在三类交互动作：支持（Support）、追随（Follow）、评论（Comment/reply）。本章利用 Python 编写程序自动对所抓取的 27 万多条文本进行文本挖掘：首先，根据交互动作的类别对爬取到的文本数据进行筛选，剔除非交互文本数据；其次，对交互活动文本数据进行文本分析，提取通过交互建立起关系的用户名（字段名：sjuser、ojuser）和对应交互动作（字段名：activity），构建用户与用户之间的交互数据集。数据集格式如表 3-2 所示，相关 Python 程序代码见附录 1。

**表 3-2 基于文本挖掘的交互数据集格式（样例）**

| sentence | sjuser | activity | ojuser | datetime |
| --- | --- | --- | --- | --- |
| cpb14 is now following BuildRider | cpb14 | follow | BuildRider | 2017/12/29 16：44 |
| cpb14 is now following North Pole Express | cpb14 | follow | Subi | 2017/11/16 18：43 |

| sentence | sjuser | activity | ojuser | datetime |
|---|---|---|---|---|
| cpb14 supported North Pole Express | cpb14 | support | Subi | 2017/11/16 18：43 |
| cpb14 made a comment on North Pole Express | cpb14 | comment | Subi | 2017/11/16 18：42 |
| cpb14 made a reply to TheAntiStud？？ s comment | cpb14 | reply | TheAntiStud | 2017/12/22 11：54 |

交互数据集的构建规则如下：

（1）支持（Support）。创新用户 A 支持创新用户 B 发布的创意 b，所抓取数据的文本格式为"A supported b."。其中，b 为创意项目名称。此时，通过爬取到的创意项目 b 的网页链接与前期所爬取创新项目数据集中的项目网页链接进行合并，由此找出 b 的发布者 B，提取创新用户 A 与用户 B 的用户名及交互动作"Support"，分别赋值给字段 sjuser、ojuser、activity。

（2）追随（Follow）。创新用户 A 既可以追随创新用户 B，也可以追随创新用户 B 发布的创意 b，所抓取数据的文本格式为"A is now following B/b."；同时，在数据抓取时通过"B/b"的超链接地址判断其类型为用户 B 还是创意项目 b，如果是创意项目，可通过超链接与前期爬取的创新项目数据集进行整合，由此找出 b 的发布者 B，提取创新用户 A 与用户 B 的用户名及交互动作"Follow"，分别赋值给字段 sjuser、ojuser、activity。

（3）评论（Comment/Reply）。创新用户 A 可以评论创新用户 B 发布的创意 b，所抓取数据的文本格式为"A made a comment on b."，可通过爬取到的 b 的超链接与前期爬取的创新项目数据集进行整合，由此找出 b 的发布者 B，提取创新用户 A 与用户 B 的用户名及交互动作"Comment"，分别赋值给字段 sjuser、ojuser、activity。同时，针对每一条 Comment，用户还可以进行 Reply，所抓取数据的文本格式为"A made a reply to B's comment."，提取创新用户 A 与用户 B 的用户名及交互动作"Reply"，分别赋值给字段 sjuser、ojuser、activity。由于 Reply 是针对 Comment 的回复，而且 Comment 和 Reply 都是文本格式，此处将 Comment 和 Reply 动作归为一类，统称为评论。

由创新用户的三类交互动作可知，在乐高开放式创新平台中，创新用户之间的交互多围绕创意而展开，这表示创新用户之间建立关系的核心纽带是用户发布的创意，创新用户之间交换的信息也多是与创意相关的信息，这是开放式创新平台中用户之间交互关系的特点。

# 第四节　乐高开放式创新平台社会关系网络构建

社会网络分析法可以将开放式创新平台中的用户交互关系表示为由用户节点（Node）和边（Edge）交织而成的网络，可以捕捉到用户交互网络的整体态势，同时还可以清晰刻画每个微观用户的交互行为，为分析开放式创新平台社会关系网络对用户创新的作用提供了方法基础。因此，本章按照乐高开放式创新平台中创新用户的三类交互动作，构建三类社会关系网络："支持"关系网络、"追随"关系网络、"评论"关系网络。

## 一、社会关系网络构建原则

以构建支持关系网络为例。以支持关系网络中的节点代表创新用户，边代表某一用户对另一用户所发布创意的支持，并且不包括用户自己对自己的支持，边为有向边。同时，边的权重值为某一用户对另一用户所发布创意的支持次数，所构建支持关系网络为简单有向图。由于乐高开放式创新平台规定，创意用户可以同时发布多条创意，但每个用户只能对单个创意"支持"一次，因此边的权重值也代表某一用户支持另一用户所发布创意的个数。

以 $n$ 阶矩阵 $A_{n \times n}$ 来描述支持关系网络，$n$ 代表网络中的节点个数，即创新用户数。如果创新用户 $i$ 支持创新用户 $j$ 的创意数为 $k$，则矩阵 $A_{n \times n}$ 中的对应元素 $A_{ij}$ 值为 $k$；如果创新用户 $i$ 并没有支持创新用户 $j$ 的创意，则矩阵 $A_{n \times n}$ 中的对应元素 $A_{ij}$ 值为 0，同时令 $A_{ij} = 0$。矩阵 $A_{n \times n}$ 称为支持关系网络的邻接矩阵，如式（3-1）所示：

$$A_{ij} = \begin{cases} k & \text{创新用户 } i \text{ 支持创新用户 } j \text{ 的创意数，} i, j \in [1, n] \text{ 且 } i \ne j \\ 0 & \text{创新用户 } i \text{ 没有支持创新用户 } j \text{ 的创意，} i, j \in [1, n] \text{ 且 } i \ne j \\ 0 & \text{创新用户 } i \text{ 对自己创意的支持，} i = j \end{cases}$$

$$(3-1)$$

类比支持关系网络，可分别建立追随关系网络和评论关系网络。网络中的节点依然为创新用户，追随关系网络中的边代表某一用户追随另一用户，边的权重为追随次数；评论关系网络中的边代表某一用户评论或回复另一用户，边的权重值为评论或回复次数。追随关系网络和评论关系网络也均为简单有向图。

**二、社会关系网络构建步骤**

通过本章第三节的数据处理，我们获得了用户交互数据集，包括交互双方的用户名和交互动作。接下来，利用 Python 的 NetworkX 包，基于用户交互数据集建立样本用户之间原始关系网络。首先，将用户交互数据集按照三类不同交互动作分为三个数据集——支持、追随、评论数据集。其中，支持数据集包含 82169 条数据，追随数据集包含 108558 条数据，评论数据集包含 69124 条数据。其次，通过 Python 编程，将交互双方用户范围限定在研究所选取的 2043 名创新用户之内，分别建立这些用户的三个原始关系网络，这些原始网络均为多重有向图。最后，将网络数据保存为社会网络分析软件 Pajek 可识别的 . net 格式，以便下文利用 Pajek 进行更多的社会网络分析。此部分具体 Python 程序代码见附录 2。

采用社会分析软件 Pajek（版本为 Pajek 5. 04a）对上一步构建的三个原始网络进行处理，生成上文中所定义的简单有向图。由于本书主要研究创新用户之间的关系，因此首先剔除用户对自己发布创意的支持，即剔除了由节点自身发出并指向节点自身的有向环。其次将多重边简化为单一边，将多重边的边数转化为单一边的权重。具体操作步骤为：① "Networks->Read Network"，打开 . net 格式的社会关系网络（N1）。② "Network - > Creat New Network - > Transform - > Remove->Loops"，剔除环，并将其创建为一个新网络 N2（Deleted loops in N1）。③ "Network->Creat New Network->Transform->Remove->Multi lines->Number of Lines"，在 N2 基础上将多重边简化为单一边，赋值为边数，并将其创建为一个新网络 N3。④ "Networks->Save Network",将网络 N3 保存。

经过 Pajek 处理之后的图即为本章第四节第一部分所定义的简单有向图,即后文将要用到的乐高开放式创新平台社会关系网络,包括"支持"关系网络、"追随"关系网络和"评论"关系网络。社会关系网络构建步骤如图 3-7 所示。

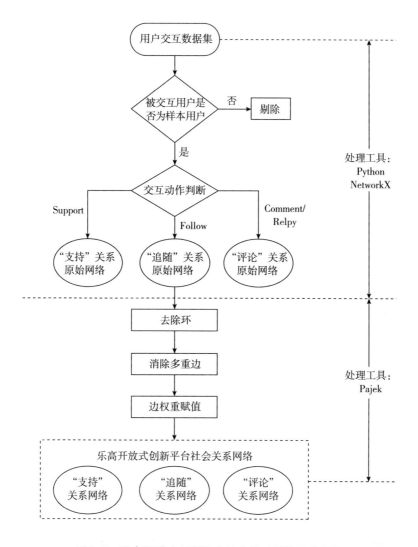

**图 3-7 乐高开放式创新平台社会关系网络构建步骤**

## 第五节　乐高开放式创新平台社会关系网络特征分析

### 一、社会关系网络总体网络特征分析

对所构建的三类关系网络进行总体网络特征分析。"支持"关系网络共包含2043 个节点，51229 条有向边，有边的节点（"支持"过他人创意或自身创意被他人"支持"）共2013 个，孤立点（与其他用户没有"支持"或"被支持"关系的创新用户）30 个，创新用户"支持"关系网络的平均节点度为50.15，即一个创新用户平均与其他用户之间的"支持"或"被支持"关系约为50 个，其他更多网络特征如表3-3 所示。"追随"关系网络包含30937 条有向边，有边的节点共2009 个，孤立点34 个，平均节点度为30.29，更多网络特征如表3-4 所示。"评论"关系网络包含30112 条有向边，有边的节点共1974 个，孤立点69 个，平均节点度为29.48，更多网络特征如表3-5 所示。

#### 表3-3　"支持"关系网络的总体特征

| 节点数（个） | 孤立点数（个） | 边数（条） | 平均节点度 | 平均加权节点度 | 网络密度 | 聚集系数 | 平均路径长度 | 直径 |
|---|---|---|---|---|---|---|---|---|
| 2043 | 30 | 51229 | 50.15 | 63.81 | 0.0123 | 0.077 | 2.96 | 7 |

#### 表3-4　"追随"关系网络的总体特征

| 节点数（个） | 孤立点数（个） | 边数（条） | 平均节点度 | 平均加权节点度 | 网络密度 | 聚集系数 | 平均路径长度 | 直径 |
|---|---|---|---|---|---|---|---|---|
| 2043 | 33 | 30937 | 30.29 | 42.39 | 0.0074 | 0.069 | 2.98 | 8 |

#### 表3-5　"评论"关系网络的总体特征

| 节点数（个） | 孤立点数（个） | 边数（条） | 平均节点度 | 平均加权节点度 | 网络密度 | 聚集系数 | 平均路径长度 | 直径 |
|---|---|---|---|---|---|---|---|---|
| 2043 | 69 | 30112 | 29.48 | 41.04 | 0.0072 | 0.075 | 2.84 | 6 |

通过分别对用户"支持""追随""评论"三类关系网络进行总体分析可知，"支持"关系网络（51229 条有向边，平均节点度为 50.19，网络密度 0.0123）明显比"追随"和"评论"关系网络拥有更多用户联系，网络更加密集，说明创新用户之间的"支持"动作要明显多于"追随"和"评论"动作。此现象与乐高开放式创新平台中以"支持"判定创意价值的规则有关，对创新用户而言，"支持"是最有价值的动作，因此也是用户之间交互最多的动作。同时，"追随"关系网络（30937 条有向边，平均节点度为 30.29，网络密度 0.0074）与"评论"关系网络（30112 条有向边，平均节点度为 29.48，网络密度 0.0072）在整体上比较接近，这表示创新用户整体在进行追随和进行评论时表现出相似的行为规范。此外，"评论"关系网络拥有的孤立点数是其他两类网络的 2 倍多，说明建立"评论"交互的用户总数较少。

### 二、基于邻接矩阵的社会关系网络特征分析

除了从网络总体特征来对比用户"支持""追随""评论"三类关系网络，还可以利用邻接矩阵来对比三类网络中微观个体的三类交互关系。由于社会网络分析软件 Pajek 只能生成节点数小于 100 的邻接矩阵，因而此处选用 Python 的 NetworkX 包来计算社会关系网络的邻接矩阵。同时，为了简化对比过程，只考虑 0-1 类型邻接矩阵，将所有边的权重赋为 1。此部分所有邻接矩阵的生成和计算都是通过 Python 编程实现，详细代码见附录 3。具体步骤和思路如下：

（1）生成三个网络的邻接矩阵 M，查看各网络中的关系总数和交互关系数。

分别对前文构建的"支持""追随""评论"关系网络，生成其 0-1 类型邻接矩阵。若关系网络图中存在从节点 $i$ 到节点 $j$ 的边，则所生成邻接矩阵 M 中的元素 $a_{ij}$ 为 1；若关系网络图中没有从节点 $i$ 到节点 $j$ 的边，则所生成邻接矩阵 M 中的元素 $a_{ij}$ 为 0。

此外，同时还将三类关系网络从简单有向网络转化为简单无向网络，所有边的权重仍然赋值为 1，再生成各自的邻接矩阵 $M_{un}$（详见附录 3 的 Python 代码）。无向图邻接矩阵 $M_{un}$ 中的 $a_{ij} = a_{ji} = 1$ 表示节点 $i$ 和节点 $j$ 存在关系，可能是从 $i$ 到 $j$

的关系（$i{\rightarrow}j$），也可能是从 $j$ 到 $i$ 的关系（$j{\rightarrow}i$），还可能是既有从 $i$ 到 $j$，也有从 $j$ 到 $i$ 的关系（$i{\rightarrow}j$）。

由于每个网络的邻接矩阵都是一个 2043×2043 的矩阵，共包含 4173849 个元素，不适合在本书中进行汇报，表 3-6 汇报了每个邻接矩阵中包含的 0 和 1 的个数。

表 3-6　三类网络邻接矩阵的元素值个数

| 项目 | 社会关系网络邻接矩阵 | | |
| --- | --- | --- | --- |
| | "支持"关系网络 | "追随"关系网络 | "评论"关系网络 |
| $N1_{direct}$ | 51229 | 30937 | 30112 |
| $N0_{direct}$ | 4122620 | 4142912 | 4143737 |
| $N1_{undirect}$ | 96928 | 56140 | 45098 |
| $N0_{undirect}$ | 4076921 | 4117709 | 4128751 |
| $N1_{undirect}/2$* | 48464 | 28070 | 22549 |
| $N1_{direct}-N1_{undirect}/2$** | 2765 | 2867 | 7563 |

注：N1、N0 分别表示邻接矩阵元素值为 1、0 的元素总数；下标 direct、undirect 分别表示网络为有向网络、无向网络；＊代表无向网络图中边的个数，因为无向网络的邻接矩阵为对称矩阵；＊＊代表有向网络图中双向边的个数，即有向网络图中边的个数减去无向网络图中边的个数。

通过表 3-6 可以看出，"支持"关系网络的边数（51229 条有向边，48464条无向边）大约是"追随"关系网络边数（30937 条有向边，28070 条无向边）和"评论"关系网络边数（30112 条有向边，22549 条无向边）的 2 倍，表示用户的"支持"关系网络拥有更多用户关系，这与本章第四节第一部分中进行的总体网络分析结论一致。

此外，对比无向网络的总边数（$N1_{undirect}/2$）和双向边数（$N1_{direct}-N1_{undirect}/2$），三种网络的双向边数都远比总边数少。但相比较而言，"评论"关系网络拥有较多的双向边（7563 条），大约是其他两类网络的 2.7 倍，"支持"和"追随"关系网络的双向边数则较为相似（2765 条、2867 条）。"评论"关系网络的双向边数占总边数的比例也相对较高（7563/22549＝33.54%），"支持"和"追随"关系网络分别为5.73%、10.21%。这说明，虽然用户之间进行"评论"的动作不如"支持"或"追随"动作多，但用户之间的"评论"存在较多双向沟通，双向沟通概率约为1/3。

（2）将三类网络的邻接矩阵两两相加得到新的邻接矩阵Mplus，查看网络之间的重合率。

以"支持"关系网络和"追随"关系网络为例，将两个有向网络的邻接矩阵相加得到新的邻接矩阵，记为Mplus。M中为0的元素代表用户之间既没有"支持"关系也没有"追随"关系，Mplus中为2的元素代表用户之间有相同方向的"支持"和"追随"关系，即一用户既"支持"又"追随"了另一用户，Mplus中为1的元素代表某用户只"支持"或只"追随"了另一个用户。同时，计算无向网络邻接矩阵两两相加后的新邻接矩阵，记为$Mplus_{un}$。仍以"支持"关系网络和"追随"关系网络为例，$Mplus_{un}$中为2的元素代表用户之间同时有"支持"和"追随"关系，但方向不定；$Mplus_{un}$中为1的元素代表用户之间只有"支持"或只有"追随"关系。表3-7汇报了社会关系网络两两相加后得到的新邻接矩阵所包含0、1、2各元素的个数。

表3-7 三类网络邻接矩阵两两相加后的元素值个数

| 项目 | 两两相加后的新邻接矩阵 | | |
|---|---|---|---|
| | "支持"＋"追随" | "支持"＋"评论" | "追随"＋"评论" |
| $N2_{direct}$ | 1171 | 930 | 1294 |
| $N1_{direct}$ | 79824 | 79481 | 58461 |
| $N0_{direct}$ | 4092854 | 4093438 | 4114094 |
| $\dfrac{N2_{direct}\times2}{N2_{direct}\times2+N1_{direct}}\times100\%$ * | 2.85% | 2.29% | 4.24% |
| $N2_{undirect}$ | 3872 | 2762 | 3012 |
| $N1_{undirect}$ | 145324 | 136502 | 95214 |
| $N0_{undirect}$ | 4024653 | 4034585 | 4075623 |

续表

| 项目 | 两两相加后的新邻接矩阵 | | |
|---|---|---|---|
| | "支持"+"追随" | "支持"+"评论" | "追随"+"评论" |
| $\dfrac{N2_{undirect}\times 2}{N2_{undirect}\times 2+N1_{undirect}}\times 100\%^{**}$ | 5.06% | 3.89% | 5.95% |

注：N2、N1、N0 分别表示邻接矩阵元素值为 2、1、0 的元素总数；下标 direct、undirect 分别表示网络为有向网络、无向网络；*代表有向网络图中两用户间同时存在两类关系占总关系数的比例；**代表无向图中两用户间同时存在两类关系占总关系数的比例。

将三类有向网络两两相加后所得新的邻接矩阵，该邻接矩阵中为 2 的元素代表某用户对另一用户同时发出了两种关系动作，邻接矩阵中为 1 的元素代表用户之间只存在其中一种关系。通过表 3-7 可以看出，不论是有向图还是无向图，值为 2 的元素远远少于值为 1 的元素。以有向图为例，某一用户同时"支持"和"追随"另一用户的关系数仅占总关系数的 2.85%，同时"支持"和"评论"的比例为 2.29%，同时"追随"和"评论"的比例为 4.24%。可见，用户"支持""追随"和"评论"关系网络的重合率比较低，三个网络相比较而言，"追随"和"评论"关系网络的重合率稍微高一点。

（3）将三类网络中某一网络邻接矩阵进行转置后与另一网络邻接矩阵相加，得到新邻接矩阵 Mtrans，查看个体与个体间的不等价交互关系。

表 3-8 汇报了相加所得新邻接矩阵 Mtrans 中所包含 0、1、2 元素个数。以"支持"关系网络邻接矩阵进行转置后与"追随"关系网络邻接矩阵相加（"支持"$^T$+"追随"）为例，$a_{ij}=2$ 代表用户 $i$ 和用户 $j$ 之间存在相反方向的"支持"和"追随"关系，即其中一位用户"支持"了另一位用户，而另一位用户"追随"了该用户。

表 3-8　转置邻接矩阵与另一邻接矩阵相加后的元素值个数

| 项目 | 转置邻接矩阵与另一邻接矩阵相加后的新矩阵 Mtrans | | |
|---|---|---|---|
| | "支持"$^T$+"追随" | "支持"$^T$+"评论" | "追随"$^T$+"评论" |
| $N2_{direct}$ | 1240 | 1032 | 1181 |

续表

| 项目 | 转置邻接矩阵与另一邻接矩阵相加后的新矩阵 Mtrans | | |
| --- | --- | --- | --- |
| | "支持"$^T$＋"追随" | "支持"$^T$＋"评论" | "追随"$^T$＋"评论" |
| $N1_{direct}$ | 79686 | 79277 | 58687 |
| $N0_{direct}$ | 4092923 | 4093540 | 4113981 |

注：T 代表原关系网络邻接矩阵的转置；N2、N1、N0 分别表示邻接矩阵元素值为 2、1、0 的元素总数；下标 direct 表示网络为有向网络。

本章将一方向另一方发出 X 类型动作（如"支持"），而另一方回报以 Y 类型动作（如"追随"）的模式称为不等价交互，这代表两用户之间存在不等价的交互关系，表 3-8 的 $N2_{direct}$ 代表不等价交互关系的总数。类似地，将一方与另一方进行同类型动作交互的模式称为等价交互，这代表两用户之间存在等价交互关系。表 3-6 中三类社会关系网络中的双向边总数（$N1_{direct}$－$N1_{undirect}$/2）衡量的就是等价关系总数。将表 3-8 的不等价交互数（1240，1032，1181）与表 3-6 中的等价交互数（2765，2867，7563）进行对比，不等价交互关系要低于等价交互关系，说明用户之间更倾向于等价交互，但同时也会进行不等价交互。

（4）将三类网络的邻接矩阵相加得到总邻接矩阵 MF，查看所有交互关系总数。

表 3-9 汇报了总邻接矩阵 MF 中所包含的 0、1、2、3 各元素个数。将总邻接矩阵转化为社会关系网络图，如图 3-8 所示。该图为多重有向图，两用户间进行的不同类交互动作算为不同的边。图中除了 27 个孤立点，其他 2016 名用户（占用户总数的比例为 98.7%）彼此之间至少存在一条边，总交互网络的边数共112287 条，代表样本用户在 2017 年共形成了 112287 个交互关系。

表 3-9　三类网络邻接矩阵相加后的元素值个数

| 项目 | "支持"＋"追随"＋"评论" |
| --- | --- |
| $N3_{direct}$ | 85 |
| $N2_{direct}$ | 3140 |

| 项目 | "支持"+"追随"+"评论" |
|---|---|
| $N1_{direct}$ | 105743 |
| $N0_{direct}$ | 4064881 |
| $N3_{direct}3+ N2_{direct}2+ N2_{direct}{}^{*}$ | 112287 |

注：N3、N2、N1、N0 分别表示邻接矩阵元素值为 3、2、1、0 的元素总数；下标 direct 表示网络为有向网络；*表示有向网络图中的总边数。

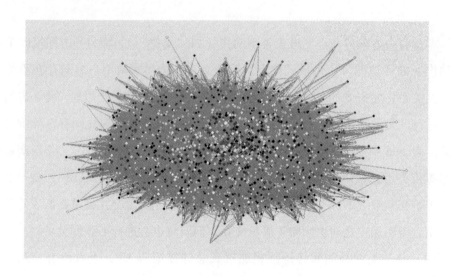

图 3-8　创新用户总交互关系网络

### 三、社会关系网络特征总结

（1）乐高开放式创新平台中存在普遍的用户交互，这些用户交互形成了一个复杂的社会关系网络。按照用户之间交互动作的不同，可具体分为"支持"关系网络、"追随"关系网络、"评论"关系网络。98.7%的样本用户在平台中与其他用户发生过一种或多种交互关系，样本用户在 2017 年形成了共 112287 个交互关系。

（2）对比三种社会关系网络中的关系数量，"支持"关系最多，"评论"关系最少，但"评论"关系网络中的双向关系居多。"支持"关系网络明显比"追随"和"评论"关系网络拥有更多用户关系，一个创新用户平均与其他用户之间的"支持"或"被支持"关系约为 50 个，表明创新用户更侧重"支持"性交互。同时，"评论"关系网络拥有的关系数最少，并且孤立点数是其他两类关系网络的 2 倍多，说明建立"评论"关系的用户总数较少。但"评论"关系网络拥有较高的双向边，大约是其他两类网络的 2.7 倍，说明用户之间的"评论"存在较多双向沟通。用户之间相互"评论"的概率约为 1/3。

（3）"支持""追随"和"评论"关系网络的重合率均比较低。平均而言，两用户之间存在相同方向不同关系的比例低于 5%，即某用户既"支持"又"追随"（"评论"）另一用户的概率低于 5%。相比较而言，"追随"和"评论"关系网络的重合率稍微高一些，表示创新用户在进行"追随"和进行"评论"时表现出较为相似的行为规范。

（4）用户之间同时存在等价交互关系和不等价交互关系，并以等价交互为主。等价交互是用户一方与另一方进行同类型动作交互的模式（如 A"追随"了 B，B"追随"了 A），不等价交互是用户一方与另一方进行不同类型动作交互的模式（如 A"评论"了 B，B"追随"了 A）。

# 第六节　本章小结

本章选取乐高自建的 LEGO Ideas 平台为开放式创新平台的典型代表，通过编写爬虫程序获取平台公开的用户交互数据（共 27 万多条），按照平台创新用户的三类交互动作："支持""追随""评论"，构建了乐高开放式创新平台的三类关系网络，均为简单有向图。本章一方面具体介绍了利用 Python 和 Pajek 获取用户交互数据，以及构建社会关系网络的具体步骤；另一方面详细讲解了进行社会关系网络特征分析的方法，提出了利用邻接矩阵具体分析微观个体交互的方法，为更多开放式创新平台进行用户交互关系分析提供了方法指导。同时，得出乐高开放式创新平台的用户交互关系特征，为后文研究提供参考。

# 第四章　开放式创新平台的创新用户互惠研究

社会资本理论认为，社会关系网络中隐含的互惠责任和义务是个体之间的社会关系能够创造社会资本的前提。因此，在研究开放式创新平台社会网络关系对用户创新的影响之前，需要证实平台中存在用户互惠，同时有必要深入分析用户互惠行为模式。本章综合采用实证分析和社会网络分析法，对乐高开放式创新平台中的创新用户互惠行为及模式（用户互惠的效果、用户声誉对互惠的影响、用户互惠的作用范围）进行了深入分析。结构如下：首先，依据用户互惠理论分析开放式创新平台中的创新用户互惠行为，提出本部分的研究假设；其次，说明本章研究的实证数据来源及获取方法，建立本章研究的实证模型，并说明所选取变量；最后，对实证结果进行展示和解释。此外，还利用第三章构建的社会关系网络进一步验证用户互惠。

## 第一节　引言

用户之间的互惠是影响用户参与在线创新平台，促进用户共享创新知识和进行创新贡献的重要因素（Bock et al., 2005；Chan and Li, 2010；秦敏等，2015）①②③。Chen 和 Hung（2010）通过对在线知识社区的用户进行调查发现，与现实社会类似，基于互联网的社区内也存在一种普遍的互惠规范，即在线用户从社区中得到了帮助后会进行信息和知识共享以帮助他人，这种互惠会促进用户的知识分享④。Levine 和 Prietula（2014）的研究也证实，用户之所以会参与虚拟社区并积极贡献，是因为用户相信互惠⑤。

同时，在线用户存在互惠行为差异，Chan 和 Li（2010）通过网络志方法对在线社区用户行为进行深入挖掘，发现在线社区虽然存在一定用户互惠规范，但不同用户在社区中的互惠偏好存在差异⑥。用户在社区中获得的信息帮助、感受到的快乐情感及来自其他用户的支持会直接影响用户在社区中的互惠偏好，进而影响用户的知识共享行为（Pai and Tsai，2016）⑦。

然而，目前对用户互惠的研究多停留在对对用户的互惠行为进行主观测量（如问卷法）（Perugini et al.，2003）⑧，或采用实验法观察实验用户的互惠行为（Charness et al.，2007）⑨，对在线用户实际互惠行为进行的研究较少，尚缺乏对开放式创新平台中用户互惠行为的研究。互联网的公开性使得获取在线用户的行为数据成为可能，因此非常有必要对开放式创新平台的真实用户互惠行为进行深

① Bock, et al. Behavioral Intention Formation in Knowledge Sharing：Examining the Roles of Extrinsic Motivators, Social-Psychological Forces, and Organizational Climate［J］. MIS Quarterly, 2005, 29（1）：87-111.

② Chan K W, Li S Y. Understanding Consumer-to-Consumer Interactions in Virtual Communities：The Salience of Reciprocity［J］. Journal of Business Research, 2010, 63（9）：1033-1040.

③ 秦敏，乔晗，陈良煌. 基于 CAS 理论的企业开放式创新社区在线用户贡献行为研究：以国内知名企业社区为例［J］. 管理评论，2015（1）：126-137.

④ Chen C J, Hung S W. To Give or to Receive? Factors Influencing Members' Knowledge Sharing and Community Promotion in Professional Virtual Communities［J］. Information & Management, 2010, 47（4）：226-236.

⑤ Levine S S, Prietula M J. Open Collaboration for Innovation：Principles and Performance［J］. Organization Science, 2014, 25（5）：1414-1433.

⑥ Chan K W, Li S Y. Understanding Consumer-to-Consumer Interactions in Virtual Communities：The Salience of Reciprocity［J］. Journal of Business Research, 2010, 63（9）：1033-1040.

⑦ Pai P, Tsai H T. Reciprocity Norms and Information-Sharing Behavior in Online Consumption Communities：An Empirical Investigation of Antecedents and Moderators［J］. Information & Management, 2016, 53（1）：38-52.

⑧ Perugini M, et al. The Personal Norm of Reciprocity［J］. European Journal of Personality, 2003, 17（4）：251-283.

⑨ Charness G, Haruvy E, Sonsino D. Social Distance and Reciprocity：An Internet Experiment［J］. Journal of Economic Behavior & Organization, 2007, 63（1）：88-103.

入探究，可以帮助平台方更好认识创新用户的互惠模式，指导其制定合理规则以促进用户创新。

<h1 style="text-align:center">第二节　研究假设提出</h1>

## 一、在线关系与在线用户互惠

随着信息技术和互联网的发展，以及各种互联网社交媒体（Social Media）涌现，互联网承载了人们越来越多的社会活动，并成为人们进行多样化互动的主要场所。互联网虽然是虚拟世界，但与现实社会类似，同样具有社会性。互联网用户同样存在社会存在感（Gunawardena，1995）[1]，也同样会在互联网社区中追寻社会认同感（Pénin and Burger-Helmchen，2011）[2]。同时，在线用户的行为并非脱离现实行为而独立存在，而是其现实世界行为的映射。学者 Yeh 和 Luo（2001）通过研究发现，用户在互联网中的特质与其在现实社会网络中的特质相类似，如一个乐于在互联网中发展人际关系的用户，在现实中也往往拥有丰富的人际关系，而在现实中与他人较少进行情感联系的人在互联网中也没有太多的人际互动[3]。因此，互联网中的人际关系是现实人际关系的复制品而非替代品。

已有研究表明，在线用户之所以参与互联网社区并积极互动做出社区贡献，是因为在线用户期待并相信互惠（Chan and Li，2010；Chen et al.，2012；Levine

①　Gunawardena C N. Social Presence Theory and Implications for Interaction and Collaborative Learning in Computer Conferences ［J］. International Journal of Educational Telecommunications，1995，1（2/3）：147-166.

②　Pénin J, Burger-Helmchen T. Crowdsourcing of Inventive Activities：Definition and Limits ［J］. International Journal of Innovation & Sustainable Development，2011，5（2/3）：246-263.

③　Yeh K, Luo J D. Are Virtual Social Relationships Independent from Reality？［J］. Journal of Cyber Culture and Informaiton Society，2001，1（1）：33-55.

and Prietula，2014)①②③。互惠是人类社会中的普遍现象，如中国自古以来提倡的知恩图报、投桃报李。互惠理论认为，人们在互动过程中通常对帮助自己的人表现出善意的行为（如进行回报），而对伤害他们的人表现出敌意行为（如进行惩罚）（Fehr and Gächter，2000)④。同样，互联网用户之间同样存在如现实社会中人与人之间的互惠。通过在线用户之间重复、持续的交互，创新用户逐渐形成了对发布、支持、评论、追随创意的共同关注度，形成集体的共同感受和理解，从而有利于通过交互关系形成比较稳定的关系网络，而且逐渐形成互联网中普遍性的互惠规范（胡琴芳，2015)⑤。

此外，已有学者证实了在线用户之间存在如同现实社会的互惠。例如，Charness 等（2007）通过实验发现了在线用户之间也存在一定的正向互惠行为，虽然参与者分散于不同区域（美国得克萨斯州和加利福尼亚州），并且彼此之间并不认识，只通过互联网进行互动，但这并不影响用户之间的互惠⑥。Gaudeul 和 Peroni（2010）研究了网络博客中的用户互惠行为，发现对访问自己博客的博主施以互惠性回访的比例越高，就会使自己博客的访问人数越多，不仅证实了在线用户互惠，并且阐述了在线用户互惠的基本模式⑦。

## 二、开放式创新平台的用户互惠

开放式创新平台聚集了来自世界各地的创新者，形成一个基于互联网的虚拟

① Chan K W，Li S Y. Understanding Consumer-to-Consumer Interactions in Virtual Communities：The Salience of Reciprocity ［J］. Journal of Business Research，2010，63（9）：1033-1040.

② Chen L，Marsden J R，Zhang Z. Theory and Analysis of Company-Sponsored Value Co-Creation ［J］. Journal of Management Information Systems，2012，29（2）：141-172.

③ Levine S S，Prietula M J. Open Collaboration for Innovation：Principles and Performance ［J］. Organization Science，2014，25（5）：1414-1433.

④ Fehr E，Gächter S. Fairness and Retaliation：The Economics of Reciprocity ［J］. Journal of Economic Perspectives，2000，14（3）：159-181.

⑤ 胡琴芳. 基于连带责任的供应商集群内机会主义行为治理研究：萨林斯的互惠理论视角 ［D］. 武汉：武汉大学博士学位论文，2015.

⑥ Charness G，Haruvy E，Sonsino D. Social Distance and Reciprocity：An Internet Experiment ［J］. Journal of Economic Behavior & Organization，2007，63（1）：88-103.

⑦ Gaudeul A，Peroni C. Reciprocal Attention and Norm of Reciprocity in Blogging Networks ［J］. Jena Economic Research Papers，2010，30（3）：2230-2248.

创新社区，创新者通过创新平台发布创意，并期待能在平台中得到更多同行认可和企业采纳。同行认可是指平台内用户对某一创意价值的承认，创意得到的同行认可越多，代表该创意越受欢迎，用户对该创意的需求越高（Forman et al.，2008）[1]。同行认可主要体现在用户基于创意的积极互动行为上，秦敏和梁溯（2017）曾采用用户对创意的评论量、浏览量、支持或反对票数来衡量海尔乐享社区和星巴克创意平台中创意的同行认可度[2]。

在合作经济学中，社区中的个体通常会采取互惠而获得长期的合作回报（黄少安、韦倩，2011）[3]。因此，从经济学视角来看，开放式创新平台中的用户也可以通过互惠来实现彼此认可彼此创意的合作。例如，某创新用户可以主动认可（点赞、支持、投票、追随、评论等）其他用户发布的创意，通过这种主动向他人施惠的方式，来换取其他创新用户对自身创意的认可（点赞、支持、投票、追随、评论等），实现双方合作共赢。李晓义和李建标（2009）的实验表明，参与实验的被试者会基于对对方回报性互惠行为的预期，通过信任对方具有互惠型社会偏好，从而获得对方随后的互惠行为[4]。也就是说，创新用户基于相信会有人进行回报而主动施惠，从而得到回报。Charness 等（2011）、Seinen 和 Schram（2006）的研究也表明，在信息传递快、个体身份可识别的情况下，采取互惠是长期社会博弈中的使博弈双方均获利的均衡策略[5][6]。因此，基于创新用户期待能在开放式创新平台中得到更多同行认可，并且在线用户存在互惠倾向的前提，可以推断，创新用户可以通过互惠使彼此都获得更高的同行认可。也就是说，创

① Forman C, Ghose A, Wiesenfeld B. Examining the Relationship between Reviews and Sales: The Role of Reviewer Identity Disclosure in Electronic Markets [J]. Information Systems Research, 2008, 19 (3): 291 - 313.

② 秦敏, 梁溯. 在线产品创新社区用户识别机制与用户贡献行为研究: 基于亲社会行为理论视角 [J]. 南开管理评论, 2017 (3): 28 - 39.

③ 黄少安, 韦倩. 合作行为与合作经济学: 一个理论分析框架 [J]. 经济理论与经济管理, 2011 (2): 5 - 16.

④ 李晓义, 李建标. 互惠、信任与治理效率——基于比较制度实验的研究 [J]. 南开经济研究, 2009 (1): 101 - 121.

⑤ Charness G, Du N, Yang C L. Trust and Trustworthiness Reputations in an Investment Game [J]. Games & Economic Behavior, 2011, 72 (2): 361 - 375.

⑥ Seinen I, Schram A. Social Status and Group Norms: Indirect Reciprocity in a Repeated Helping Experiment [J]. European Economic Review, 2006, 50 (3): 581 - 602.

新用户基于相信他人具有互惠偏好，采取主动施惠的方式（主动认可他人创意），最终可以得到他人的互惠型回报（获得他人认可）。基于以上分析，提出如下假设：

H1：开放式创新平台中，创新用户通过主动施惠（认可他人创意）的方式可以获得来自其他用户的互惠型回报（获得他人认可），即用户对他人创意的认可正向影响自身创意得到的他人认可。

然而，并非所有创新用户都能很好地理解用户之间的互惠并回报以同样的互惠内容，尤其是当彼此之间并不熟悉时。众多博弈实验表明，声誉机制可以促使大规模群体中的个体倾向彼此合作（Yoeli et al.，2013）[1]，这对大规模群体内的互惠行为发挥着重要作用。在博弈论和社会学中，声誉是指："个体从第三方获得关于其他个体（过往是否帮助他人的经历）的信息，并基于这些信息决定如何行事。"（Buskens，1998）[2] 在个体声誉可知的情况下，个体倾向于与声誉好的人合作，因为声誉好的人更倾向于合作与互惠，其做出背叛行为的风险低。一般，帮助具有好声誉的参与者会获得好声誉，相反，如果不帮助好声誉的参与者会使自身声誉受损；拒绝帮助坏声誉者被视为公正行为，会获得好声誉（刘国芳、辛自强，2011）[3]。在开放式创新平台中，用户声誉是很容易被其他用户获取的，用户在平台中的大多数互动活动（发布创意、评论创意、点赞、投票、关注等）都是公开的，任何用户都可以查看到。此外，很多平台为了鼓励用户参与和贡献，还会专门设置相应的激励措施，如乐高创意平台奖励积极用户积分值及勋章，这些都可以反映用户在平台中的声誉。因此，用户在开放式平台中的声誉是显而易见的，用户的好声誉会促进他人选择与其互惠。基于以上分析，提出如下假设：

H2：开放式创新平台中，创新用户的声誉正向影响用户施惠的效果，即创新用户的声誉越高，通过主动施惠（认可他人创意）得到的互惠型回报（获得

① Yoeli E, Hoffman M, Rand D G, Nowak M A. Powering up with Indirect Reciprocity in a Large-Scale Field Experiment [J]. Proceedings of the National Academy of Sciences, 2013, 110 (2): 10424-10429.

② Buskens V. Social Networks and the Effect of Reputation on Cooperation [R]. 1998.

③ 刘国芳，辛自强. 间接互惠中的声誉机制：印象、名声、标签及其传递 [J]. 心理科学进展，2011 (2)：233-242.

他人认可）越多。

同时，还需进一步探究创新用户互惠的作用范围，创新用户之间的互惠是否会增加企业对用户创意的认可，企业认可主要表现为企业采纳用户发布的创意。目前，已有一些研究证实，创意的同行认可（创意所得投票数、得分、评论数等）对创意的企业采纳具有显著的正相关关系（Hossain and Islam，2015；Li et al.，2016）[1][2]。但这种研究结论的得出，是基于同行认可真实反映了用户对创意的偏好程度和潜在用户需求的前提（Di Gangi and Wasko，2009）[3]。然而，当用户并非凭借创意本身价值，而是凭借用户互惠获得大量同行认可时，所获高同行认可并不代表创意的高价值，也不能代表其他用户对该创意的真实偏好。因此，当企业对用户创意进行认真甄别时，低价值创意自然就会被企业识别出来，不被企业采纳。基于以上分析，提出如下假设：

H3：开放式创新平台存在创意评审规范时，创新用户的互惠并不能赢得企业认可，即创新用户的主动施惠（认可他人创意）并不影响企业对自身创意的采纳。

# 第三节　数据、模型与变量

## 一、数据获取

作者通过注册成为 LEGO Ideas 用户，跟踪并观察乐高开放式创新平台中创意项目和创新用户的各样数据。创意项目数据包括创意项目名称、发布天数、剩

① Hossain M，Islam K M Z. Ideation through Online Open Innovation Platform：Dell Idea Storm［J］. SSRN Electronic Journal，2015，6（3）：611-624.

② Li M，Kankanhalli A，Kim S H. Which Ideas Are More Likely to Be Implemented in Online User Innovation Communities？An Empirical Analysis［J］. Decision Support Systems，2016（84）：28-40.

③ Di Gangi P M，Wasko M. Steal My Idea！Organizational Adoption of User Innovations from a User Innovation Community：A Case Study of Dell Idea Storm［J］. Decision Support Systems，2009，48（1）：303-312.

余天数、创意描述、创意包含图片、标签、更新次数、项目所获支持者数量、项目评论及数量、项目浏览量等。创新用户数据包括用户名、用户加入平台时间、用户所发布创意项目、用户积分值、用户所获勋章及勋章值等。进而，编写爬虫软件获取从 2015 年 11 月 24 日到 2017 年 11 月 24 日平台所发布的所有创意项目的数据，以及这些项目发布者的用户数据（一个用户可同时发布多个项目）。

## 二、模型设定及变量选取

通过第三章对乐高开放式创新平台的介绍可知，创意所获"支持"数代表平台用户对创意项目的认可度，创意项目所获"支持"数越多，代表该创意项目的同行认可度越高，该创意项目越有可能被实施。用户可以采用"支持"他人创意项目的方式进行施惠，同时希望得到他人同样的回馈"支持"。因此，本章以用户"支持"他人创意项目数衡量其施惠程度，以其用户的创意项目获他人"支持"数衡量获他人认可的程度，选取用户为样本分析单元，建立回归模型如下：

$$peer\_sup_i = \alpha + \beta SUP_i + \gamma PRO_i + \delta USER_i + \varepsilon_i \tag{4-1}$$

其中，被解释变量为用户所有创意项目获他人支持数（$peer\_sup$），将用户每个创意项目所得支持数加总得到，代表获他人认可的程度。主要解释变量 $SUP$ 以用户支持他人创意项目总数（$Supporting$）来衡量，代表用户所采取的施惠程度。控制变量分别从项目特征 $PRO$ 和用户特征 $USER$ 两方面进行选取，参考和综合了前人研究创新采纳影响因素时选取的变量维度（Bayus 2013；Hossain，2012；Li et al.，2016）[1][2][3]，具体选取变量如表 4-1 所示。

为了进一步考察声誉机制对互惠效果的影响，考虑在模型（4-1）中添加声誉指标和用户施惠程度的交互项，建立回归模型如下：

---

① Bayus B L. Crowdsourcing New Product Ideas over Time：An Analysis of the Dell Idea Storm Community〔J〕. Management Science，2013，59（1）：226-244.

② Hossain M. Performance and Potential of Open Innovation Intermediaries〔J〕. Procedia-Social and Behavioral Sciences，2012，58（7）：754-764.

③ Li M，Kankanhalli A，Kim S H. Which Ideas Are More Likely to Be Implemented in Online User Innovation Communities？An Empirical Analysis〔J〕. Decision Support Systems，2016（84）：28-40.

表 4-1 变量的描述性统计

| 变量名 | 变量定义 | 样本类型 | 样本量 | 均值 | 标准差 | 最小值 | 最大值 |
|---|---|---|---|---|---|---|---|
| *peer_sup* | 用户所有创意项目获他人支持数 | I | 3707 | 476.5 | 1832 | 1 | 51084 |
| *supporting* | 用户支持他人创意项目总数 | I | 3707 | 103.7 | 370.6 | 0 | 10801 |
| *sum_updates* | 用户所有创意项目的总更新次数 | I | 3707 | 1.510 | 10.37 | 0 | 497 |
| *sum_tags* | 用户所有创意项目的总标签数 | I | 3707 | 26.26 | 67.41 | 0 | 1887 |
| *sum_length* | 用户所有创意项目的总文本长度数 | I | 3707 | 2415 | 5342 | 55 | 106061 |
| *sum_images* | 用户所有创意项目的总图片数 | I | 3707 | 20.59 | 45.15 | 1 | 1272 |
| *sum_looks* | 用户所有创意项目的总浏览量 | I | 3707 | 7717 | 38389 | 1 | 1262000 |
| *sum_messages* | 用户所有创意项目的总评论量 | I | 3707 | 84.91 | 279.1 | 0 | 7632 |
| *contributions* | 用户累计贡献的创意项目数 | I | 3707 | 3.398 | 7.073 | 1 | 140 |
| *socializer* | 用户"社交达人"勋章值 | I | 3707 | 1.910 | 19.18 | 0 | 954 |
| *trailblazer* | 用户"领头人"勋章值 | I | 3707 | 0.568 | 2.220 | 0 | 39 |
| *user_age* | 用户加入乐高创新平台天数 | I | 3707 | 713.5 | 463.8 | 20 | 2335 |
| *adopted* | 创意项目是否通过乐高评审而被采纳 | II | 108 | 0.185 | 0.390 | 0 | 1 |
| *days* | 创意项目集齐 10000 个支持所用天数 | II | 108 | 375.4 | 346.7 | 1 | 2252 |
| *looks* | 创意项目浏览量 | II | 108 | 328556 | 254504 | 84000 | 2000000 |
| *messages* | 创意项目评论量 | II | 108 | 1107 | 1556 | 261 | 13000 |
| *supporting* | 用户支持他人创意项目总数 | II | 108 | 162.6 | 296.8 | 0 | 1688 |
| *contributions* | 用户累计贡献的创意项目数 | II | 108 | 6.34 | 11.18 | 1 | 77 |
| *socializer* | 用户"评论达人"勋章值 | II | 108 | 6.352 | 14.27 | 0 | 79 |
| *trailblazer* | 用户"领头人"勋章值 | II | 108 | 9.269 | 9.792 | 0 | 39 |
| *user_age* | 用户加入乐高创新平台天数(天) | II | 108 | 1671 | 617.5 | 331 | 2776 |

$$peer\_sup_i = \alpha + \beta_1 SUP_i + \beta_2 REP_i + \beta_3 SUP_i \times REP_i + \gamma PRO_i + \delta USER_i + \varepsilon_i \qquad (4-2)$$

其中,选取衡量用户受拥戴程度的"领头人"勋章值(*Trailblazer*)作为衡量用户声誉 *REP* 的指标,并构造其与用户施惠程度 *SUP* 的交互项。值得注意的是,在乐高开放式创新平台中,创新用户所得的积分和"领头人"勋章都可以在一定程度上反映用户的声誉,但用户积分是一个综合指标,由用户创新活跃性、社交力和社区威望这三个方面综合计算而得(详细计算方法见第三章表3-1),并且更侧重用户的创新性。针对创新用户的互惠行为,受惠者在得到施惠方的"支持"时是否会选择回馈，这与涉及用户威望（受拥戴程度）的声誉存在较大关系，而与用户创新活跃性方面的声誉则关系不大。因此，本章选取衡量用户威望的"领头人"勋章值，而非用户积分这个总值为衡量用户声誉 REP 的指标。另外，控制变量的选取同模型（4-1）。

检验创新用户互惠的作用范围，除了可以增加同行认可，是否还会增加来自企业的认可。以创意项目是否被乐高公司采纳衡量企业认可，建立如下回归模型：

$$adopted = \alpha + \beta SUP_i + \gamma PRO_i + \delta USER_i + \varepsilon_i \tag{4-3}$$

其中，样本分析单元为每个创意项目，被解释变量为创意项目是否被乐高公司采纳（Adopted），为 0-1 变量（1 代表被采纳，0 代表未被采纳），因此采用 Logit 回归进行估计。主要解释变量依然为 SUP 用户施惠程度，控制变量仍然包括项目特征和用户特征两方面。

### 三、变量描述性统计

表 4-1 列出了主要变量的基本统计信息。其中，样本 I 适用于模型（4-1）和模型（4-2），样本为 2015 年 11 月 24 日至 2017 年 11 月 24 日在乐高创意平台发布过项目的创新用户，将所有爬取到的项目特征数据加总到用户层面而得到。删除缺失样本后，样本 I 共包括 3707 个观察值。用户平均支持创意项目总数103.7 个，平均收到他人支持 476.5 个，就平均而言，用户收到支持数大于其发出的支持数。同时，用户累计发布创意数最小为 1，最大为 140，平均每个用户累计发布约为 3 个创意。此外，用户加入乐高天数最高为 2335 天，约为 6.4 年，说明原 LEGO CUUSOO 的用户在乐高开放式创新平台中依然活跃。

样本 II 适用于模型（4-3），样本为乐高开放式创新平台所有达到 10000 个支持且被乐高公司采纳的项目，共有 108 个观察值。其中，创意项目集齐 10000个支持所用天数（days）的最大值为 2252（与目前乐高开放式创新平台中的规则不符），这是由于样本 II 中很多项目为原 LEGO CUUSOO 社区中的项目，当时并没有对集齐 10000 个支持所用时间做出限制。

# 第四节　实证结果与分析

## 一、创新用户互惠行为和互惠效果分析

对创新用户互惠行为进行初步回归的结果如表4-2所示。其中，第（1）列以用户支持他人项目总数（*supporting*）代表用户的施惠程度，在没有加入控制变量的情况下，其与获得他人"支持"数具有非常显著的正相关关系，初步判断用户通过主动施惠可以获得更多的回馈性"支持"。第（2）列为加入了控制变量，即模型（4-1）的回归结果，主要解释变量*supporting*的系数比第（1）列明显小了很多，但仍然显著为正，这表示在控制了项目特征和用户特征差异之后，用户的施惠程度仍正向影响项目获他人"支持"数。用户"支持"他人项目越多，自身项目获得他人"支持"也就越多，平均而言，用户的互惠性支持可以为其带来约20.5%的回报。

表4-2　用户的主动施惠对创意项目获得支持的影响

| 变量 | （1） | （2） | 随机抽样10% | 随机抽样30% | 随机抽样50% |
|---|---|---|---|---|---|
| *supporting* | 0.792 *** <br> (0.0802) | 0.205 *** <br> (0.0557) | 0.463 *** <br> (0.109) | 0.166 ** <br> (0.0684) | 0.237 *** <br> (0.0760) |
| *sum_tags* | | −2.063 *** <br> (0.346) | 0.798 <br> (1.705) | −0.487 <br> (0.313) | −3.975 *** <br> (0.660) |
| *sum_length* | | −0.0504 *** <br> (0.00643) | −0.0681 *** <br> (0.0227) | 0.000220 <br> (0.00885) | −0.0816 *** <br> (0.00999) |
| *sum_images* | | 3.920 *** <br> (0.572) | 2.498 ** <br> (2.129) | 2.504 *** <br> (0.768) | 5.218 *** <br> (0.853) |
| *sum_updates* | | −9.198 *** <br> (1.378) | −48.77 *** <br> (18.18) | −35.11 *** <br> (5.161) | −6.934 *** <br> (1.435) |

续表

| 变量 | （1） | （2） | 随机抽样 10% | 随机抽样 30% | 随机抽样 50% |
|---|---|---|---|---|---|
| sum_looks | | 0.0264*** (0.000435) | 0.0118*** (0.000758) | 0.0442*** (0.000849) | 0.0276*** (0.000642) |
| sum_messages | | 4.392*** (0.113) | 6.758*** (0.418) | 1.547*** (0.148) | 5.300*** (0.168) |
| contributions | | -9.796*** (3.392) | -22.42*** (5.976) | -6.108 (4.092) | -4.924 (4.268) |
| socializer | | -37.11*** (1.405) | -49.01*** (3.227) | -12.78*** (2.370) | -42.30*** (1.777) |
| trailblazer | | 119.5*** (8.355) | 75.43*** (24.14) | 60.01*** (9.508) | 155.7*** (10.47) |
| user_age | | 0.0175 (0.0308) | 0.111 (0.0868) | 0.0354 (0.0390) | -0.0607 (0.0431) |
| Constant | 394.3*** (30.74) | 11.71 (25.38) | -4.378 (70.82) | -1.895 (32.26) | 50.82 (35.65) |
| 样本量 | 3707 | 3707 | 372 | 1112 | 1854 |
| $R^2$ | 0.026 | 0.804 | 0.736 | 0.851 | 0.864 |

注：***表示1%水平显著，**表示5%水平显著，*表示10%水平显著，括号内为稳健标准误。

另外，分别对样本进行10%、30%和50%的随机抽样和回归，主要解释变量 supporting 的系数仍然正向显著，进一步验证了模型（4-1）的稳健性，表明平台中确实存在普遍的用户互惠。但 supporting 系数的大小在总体样本和不同抽样中存在一定差异，如10%随机抽样的系数约为50%随机抽样系数的2倍，对这种现象的一个合理解释是，不同用户采取互惠的效果存在一定差异，导致这种差异的原因将在下一部分进行深入分析。

同时，代表项目特征的控制变量中，用户所有创意项目的总图片数（sum_images）与项目所获支持数成正比且非常显著，这说明创新用户非常看中创意的图片内容，因为图片是对乐高创意模型最直观的展示，图片越多越能使用户更深入地了解创意，从而获得更多用户支持，这与前人研究一致（郭顺利等，2015）①。用户所有创意项目的总文本长度数（*sum_length*）、用户所有创意项目的总标签数（*sum_tags*）与项目所获支持数均成反比，说明以文字形式展示的创意描述越多反而对创意项目越不利，这与评论有用性研究中的结论正好相反（殷国鹏等，2012；Wong et al.，2017）②③。笔者认为，在评论有用性研究中，评论文本是评论信息的主要载体，评论文本字数越多，评论所承载的信息量就越大，评论就越有用。而本章研究中的乐高创意模型具有一定的特殊性，纯文字很难表达清楚一个实际的积木创意模型信息，在有了充足的创意项目图片的前提下，文字越多反而越冗余。同时，总文本长度数和总标签数对项目获支持数的影响并不是特别明显，在随机抽样中，总文本长度数和总标签数的系数有时会变得不显著。同时，用户所有创意项目的总更新次数（*sum_updates*）与项目获支持数成反比，更新次数越多说明创意存在越多需要提高之处，表明该创意的自身质量水平较低，因此获支持数较低。此外，用户所有创意项目的总浏览量（*sum_looks*）和用户所有创意项目总评论量（*sum_messages*）的系数都显著为正，表明创意项目的受关注程度越高，越容易赢得更多的用户支持，这与前人的研究一致（Yang and Li，2016）④。

代表用户特征的控制变量中，用户"领头人"勋章值（*trailblazer*）会显著增加项目的支持数且系数较大，这说明用户追随者越多，其发布的项目越容易得到更多支持，系数较大是由 *trailblazer* 的得分机制决定，每增加 100 个追随者 *trailblazer* 值才增加 1。此外，用户累计贡献的创意项目数（*contributions*）负向影

① 郭顺利，张向先，李中梅. 面向用户信息需求的移动 O2O 在线评论有用性排序模型研究——以美团为例［J］. 图书情报工作，2015（23）：85-93.

② 殷国鹏，刘雯雯，祝珊. 网络社区在线评论有用性影响模型研究——基于信息采纳与社会网络视角［J］. 图书情报工作，2012（16）：140-147.

③ Wong T C, Chan H K, Lacka E. An Ann-Based Approach of Interpreting User-Generated Comments from Social Media［J］. Applied Soft Computing, 2017（52）：1169-1180.

④ Yang X, Li G. Factors Influencing the Popularity of Customer-Generated Content in a Company-Hosted Online Co-Creation Community：A Social Capital Perspective［J］. Computers in Human Behavior, 2016（64）：760-768.

响项目获得支持数，说明并不是用户发布创意越多越好。Bayus（2013）[①] 的研究也发现，发布过优质创意的用户很难再发表如之前优秀的创意。用户"社交达人"勋章值（*socializer*）也负向影响项目获得支持总数，这与李奕莹和戚桂杰（2017）[②] 的研究一致，热衷于社交的用户往往并不是贡献高质量创意的人，产出高质量创意的用户的社交行为并不多。用户加入乐高创新平台天数（*user_age*）对项目获得支持数并没有显著影响。

**二、声誉对创新用户互惠效果的影响**

在上一部分分析中，用户的互惠效果在总体样本和不同抽样中存在一定差异，回归系数并不稳健。我们认为，这是由不同用户的声誉差异而导致，因而通过加入声誉与创新用户施惠程度的交互项，进一步检验用户声誉对用户互惠效果的影响，回归结果如表 4-3 所示。

表 4-3　用户声誉与用户施惠交互项对创意项目获得支持的影响

| | 变量 | peer_sup |
|---|---|---|
| 主要解释变量 | *supporting* | 0.135** |
| | | (0.0554) |
| 交互项 | *trail×supporting* | 0.0533*** |
| | | (0.00534) |
| | 项目特征变量 | 有 |
| | 用户特征变量 | 有 |
| | Constant | 15.09 |
| | | (25.05) |
| | 样本量 | 3707 |
| | $R^2$ | 0.809 |

注：***表示1%水平显著，**表示5%水平显著，*表示10%水平显著，括号内为稳健标准误。

① Bayus B L. Crowdsourcing New Product Ideas over Time：An Analysis of the Dell Idea Storm Community [J]. Management Science，2013，59（1）：226-244.

② 李奕莹，戚桂杰. 企业开放式创新社区中用户生成内容的创新贡献 [J]. 中国科技论坛，2017（4）：95-102.

表4-3中，以用户"领头人"勋章值（*trailblazer*）衡量用户声誉，用户声誉与施惠程度的交互项（*trail×supporting*）系数显著为正，说明用户声誉正向调节用户互惠的效果。用户"领头人"勋章值越高，代表平台中其他用户对其认可度越高，良好的声誉会让用户在进行施惠时更容易获得别人的回报性帮助。在用户没有"领头人"勋章时，用户通过主动支持他人只能换回 13.5% 的回报性支持，不改变施惠程度，用户"领头人"勋章值每增加 1，即每增加 100 名追随者，就能多换回 5.33% 的回报性支持。表4-3 的回归结果证实了用户声誉对创新用户互惠效果的影响，创新用户声誉值越高，越能得到更多回报，即更多同行认可。用户声誉的调节作用解释了不同用户的互惠效果存在差异的原因。

### 三、用户互惠与企业采纳

乐高开放式创新平台拥有自己严格的乐高评审规范，通过乐高评审即意味着创意被乐高公司采纳，代表着企业对用户创意的高度认可。乐高每年会在 1 月、5 月、9 月对平台中最新集齐 10000 个"支持"的项目进行评审，评审结果一般会在下一期乐高评审前公布，并通过平台发布评审结果。乐高评审团队主要包括乐高产品设计师、销售和商务代表、其他相关人员。评审标准包括项目产品的质量（模型的搭建结构是否稳固、模型是否安全）、易玩性、预期市场需求、与乐高品牌定位是否相符等。表4-4 显示了用户互惠对创意项目是否通过并被乐高公司采纳的回归结果，即模型（4-3）的回归结果。由于被解释变量（*adopted*）为0-1 变量，为了尽量保证解释变量和被解释变量在同一个数量级别，将取值范围跨度较大的自变量 *supporting*、*days*、*looks*、*messages*、*user_age* 取对数再进行回归。

表4-4 中主要解释变量 *lnsupporting* 的系数为正，但统计上不显著。这表明，用户互惠与被乐高公司采纳之间并没有显著关系，用户互惠并不能帮助其顺利通过乐高评审，即用户互惠并不能换得来自企业方的认可。此外，本部分研究选取样本为已经集齐 10000 名支持者的创意项目，所有创意项目的用户支持度和认可度都已经非常高，因此乐高公司更偏向于对创意项目的产品质量、易玩性等方面因素进行评审，而反映用户偏好和认可度的创意评论数并没有对乐高评审产生显

著影响。同时，由于乐高评审的专业性，用户特征变量对用户项目是否通过乐高评审也基本无影响。

表4-4 用户互惠对创意项目是否被乐高公司采纳的影响

| 变量 | （1） |
|---|---|
| *lnsupporting* | 0.259 |
| | （0.261） |
| *lndays* | −0.138 |
| | （0.257） |
| *lnlooks* | 2.109*** |
| | （0.677） |
| *lnmessages* | −0.137 |
| | （0.482） |
| *contributions* | −0.029 |
| | （0.041） |
| *socializer* | 0.014 |
| | （0.025） |
| *trailblazer* | 0.044 |
| | （0.032） |
| *lnuser_age* | −1.295 |
| | （0.825） |
| Constant | −18.562** |
| | （7.664） |
| Pseudo $R^2$ | 0.2536 |
| 样本量 | 108 |

注：***表示1%水平显著，**表示5%水平显著，*表示10%水平显著，括号内为稳健标准误。

综上所述，乐高的评审规范限制了用户互惠的作用范围，使靠用户互惠达到高同行认可的创意项目并不能相应获得企业方的认可。可见，乐高公司采取创意评审这种管理规则，可以有效防止乐高公司采纳由用户互惠带来高同行认可的低质量创意，因此企业方有效的创意评审规则，可以防止用户互惠对创意采纳产生影响。

## 第五节　利用社会关系网络进一步验证用户互惠

利用第三章的开放式创新平台社会关系网络，可以进一步验证本章第四节部分已经证实的用户互惠模式。由于本章第四节利用用户之间的互相"支持"作为用户互惠的内容，因此选用第三章中的"支持"关系网络进行验证。

根据互惠理论，当用户 A 主动"支持"其他用户创意项目时，会收到部分其他用户对用户 A 的回报性"支持"。根据表 4-2 的回归实证分析结果，乐高开放式创新平台中用户互惠的平均回报率为 20.5%，即当用户 A 主动"支持"他人创意项目时，他人会反馈给用户 A 回报性"支持"的概率为 20.5%，这体现了乐高开放式创新平台的平台整体互惠规范。

同时，利用第三章中的创新用户"支持"关系网络，计算乐高开放式创新平台中的用户互惠度，即互惠性支持总数占用户"支持"他人创意总数的比例。一般而言，互惠度是用以测量个体社会关系网络中整体网络互惠性的指标（刘军，2006)[①]。结合具体社会网络指标及其内涵（见表 4-5），本章定义了两种互惠度，不带权重的互惠度和带权重的互惠度，具体计算公式如下：

$$RE_i = \frac{reciprocity_i}{outdegree_i} \times 100\% \qquad\qquad (4-4)$$

$$w\_RE_i = \frac{w\_reciprocity_i}{w\_outdegree_i} \times 100\% \qquad\qquad (4-5)$$

式（4-4）中各指标都没有考虑权重，只考虑创新用户之间是否存在"支持"关系，并没有考虑"支持"的次数。式（4-5）中各指标都考虑了权重，不仅考虑创新用户之间是否存在"支持"关系，还考虑创新用户之间"支持"的次数。由于每一个创意项目用户只能支持一次，用户 A 对 B 的支持次数即用户 A 支持 B 的创意项目数。举例说明：用户 A 支持用户 B 2 次，用户 B 支持用户 A 3

---

① 刘军. 法村社会支持网络［M］. 北京：中国社会科学出版社，2006.

次，则 A 与 B 存在互惠关系（reciprocity＝1），双方互惠支持次数为 2 次［w_reciprocity＝min（2，3）＝2］。

表 4-5　"支持"关系网络的社会网络指标及内涵

| 社会网络分析指标 | 符号 | 内涵 |
|---|---|---|
| 节点出度 | outdegree | 该节点用户支持的其他用户数 |
| 带权重的节点出度 | w_outdegree | 该节点用户支持他人发布创意总数 |
| 互惠边 | reciprocity | 与该节点用户互相都支持彼此创意项目的用户数 |
| 带权重的互惠边 | w_reciprocity | 互惠支持的次数，取互惠双方支持次数最小值 |

首先利用 Pajek 软件计算创新用户支持关系网络的相关社会网络指标，其次再根据式（4-4）和式（4-5）分别计算每位创新用户的互惠度（见表 4-6）。平均而言，不考虑权重的互惠度为 12.8%，考虑权重的互惠度为 11.8%，说明互惠性支持占用户给出"支持"总数的 10% 以上，代表用户每给出 10 个支持至少能换回 1 个互惠性支持。

表 4-6　用户互惠度及相关社会网络指标的描述性统计分析

| 指标名 | 样本量 | 平均值 | 方差 | 最小值 | 1/4 | 1/2 | 3/4 | 最大值 |
|---|---|---|---|---|---|---|---|---|
| outdegree | 2043 | 25.08 | 58.21 | 0 | 2 | 8 | 23 | 974 |
| w_outdegree | 2043 | 31.91 | 84.12 | 0 | 3 | 9 | 27 | 1355 |
| reciprocity | 2043 | 2.707 | 7.574 | 0 | 0 | 0 | 2 | 161 |
| w_reciprocity | 2043 | 2.879 | 8.248 | 0 | 0 | 0 | 2 | 161 |
| RE | 1824 | 0.128 | 0.205 | 0 | 0 | 0.0417 | 0.170 | 1 |
| w_RE | 1824 | 0.118 | 0.197 | 0 | 0 | 0.0345 | 0.158 | 1 |

利用社会关系网络计算的互惠度（考虑权重：11.8%，不考虑权重：12.8%），与表 4-2 回归实证分析中的影响系数（20.5%）存在一定差异，这种差异很大程度是由样本差异导致的。第三章中所构建的社会关系网络所选取样本为 2017 年在平台发布过创意项目的用户，所构建的"支持"关系网络也仅描述

了样本用户在 2017 年互相"支持"的互惠行为。本章第三节部分的样本用户为 2015 年 11 月 24 日至 2017 年 11 月 24 日在乐高创意平台发布过创意项目的用户，样本范围比第三章所选取的样本范围广，同时本章第三节中的用户支持和被支持数据是样本用户自注册时到 2017 年 11 月的所有数据，反映了样本用户自注册以来的所有互惠情况。

虽然社会关系网络分析和回归实证分析得出的用户互惠度在具体数值上存在一定差异，但两者的结果均证实，乐高开放式创新平台中存在相当程度的用户互惠，用户每投出 10 个支持至少能换回 1 个互惠性支持，平台整体的互惠规范已基本形成。

## 第六节  研究结论

本章爬取乐高开放式创新平台的一手客观数据，通过建立回归模型进行实证分析发现，平台中存在用户互惠，并且用户的互惠行为可以使用户获得更高的同行认可。同时，还利用社会网络分析进一步验证了用户之间的互惠。该研究主要得出三个主要结论：

（1）开放式创新平台中存在普遍的用户互惠行为。创新用户利用人与人之间的互惠偏好，通过主动"支持"其他创新用户创意项目的方式，从而可以获得其他创新用户对自身创意项目的回馈性"支持"。在乐高开放式创新平台中，这种回报率至少在 10% 以上。创新用户之间的互惠表明了用户对高同行认可的追求，促进了创新用户之间的互动和平台参与。

（2）虽然开放式创新平台中存在普遍的用户互惠规范，但不同用户的互惠效果却存在一定差异，这与用户的声誉差异有关。用户声誉会显著影响用户互惠的效果，施惠方用户的声誉越高就会赢得越多的利益回报。鉴于用户高声誉的高回报性，平台用户会积极追求并主动维护在开放式创新平台中的高声誉。

（3）在乐高开放式创新平台中，企业方严格的评审规范限制了用户互惠的作用范围，使用户互惠仅有助于实现较高的同行/用户认可，并不能帮助实现企业方的认可和采纳。

# 第七节　本章小结

本章实证了开放式创新平台中存在普遍的用户互惠，创新用户可以通过互惠实现一定程度的同行认可。这表明，在线创新用户之间也会发生如线下人际交往中的互惠，这种互惠是开放式创新平台中社会关系网络能产生社会资本的前提，说明创新用户纯粹基于互联网而形成的交互关系同样具有创造社会资本，进而提高用户创新产出的潜力。同时，本章综合利用多个回归模型，并结合社会网络分析，对用户互惠模式（用户互惠的效果、声誉对互惠的影响、用户互惠的作用范围）进行了深入探讨，开拓了深入研究用户互惠的方法和途径。

# 第五章　开放式创新平台社会关系网络对用户创新数量的影响

在第四章已经证实了开放式创新平台中存在普遍的用户互惠的基础上，本章主要工作是基于社会资本理论，从社会资本的结构维度和关系维度，提出开放式创新平台社会网络影响用户创新的理论假设。进而，基于第三章构建的社会关系网络，利用社会网络分析法计算结构维度指标（网络中心性、网络桥梁位置）和关系维度指标（关系强度），通过 Poisson 回归模型对假设予以实证，同时进行稳健性检验。本章最后得出研究结论，验证了互联网社会资本的作用。

## 第一节　引　言

来自世界各地的创新用户是开放式创新平台中的创新主体，这些创新用户虽然彼此可能并不认识，但基于开放式创新平台进行各种交互和协作创新建立起彼此之间的交互关系，由此构成创新用户的社会关系网络。社会网络理论认为，个体之间的社会网络关系及所在的社会网络结构，将会对个体的行为产生重要影响（Wasserman and Faust，1994）[①]。社会网络的引入为创新研究提供了新视角，众

---

① Wasserman S, Faust K. Social Network Analysis：Methods and Applications ［M］. Cambridge：Cambridge University Press，1994.

多研究已经表明,个体之间的交互和由此形成的网络关系显著影响个体的知识产出和创新绩效水平(Cross and Cummings,2004;Zhou et al.,2009;Baer,2010;Yang and Li,2016)[1][2][3][4]。

然而,多数研究对用户交互的测量仍停留在是否存在用户交互层面,或采用问卷法粗略地、定性地描述用户交互关系,并没有准确测量用户交互关系,也就无法明确在线用户交互关系如何影响用户创新产出。本部分研究基于第三章构建的乐高开放式创新平台社会关系网络,综合社会网络分析法将用户交互关系用数学的方式进行清晰的描述和表达,同时利用回归实证模型深入探讨开放式创新平台社会关系网络对用户创新的影响。

## 第二节 研究假设提出

### 一、社会资本理论与用户创新

社会资本理论是社会网络影响创新产出的理论基础,具体而言,个体通过历史交互形成社会关系网络,嵌入在社会网络和社会关系中有价值的资源形成了个体的社会资本(Coleman,1990)[5],个体行动者在采取行动时可以通过调用(获取或动员)社会资本达到一定目的(Lin,1998)[6]。社会资本理论认为,获得和

① Cross R,Cummings J N. Tie and Network Correlates of Individual Performance in Knowledge-Intensive Work[J]. The Academy of Management Journal,2004,47(6):928-937.

② Zhou J,et al. Social Networks,Personal Values and Creativity:Evidence for Curvilinear and Interaction Effects[J]. Journal of Applied Psychology,2009,94(6):1544-1552.

③ Baer M. The Strength-of-Weak-Ties Perspective on Creativity:A Comprehensive Examination and Extension[J]. Journal of Applied Psychology,2010,95(3):592-601.

④ Yang X,Li G. Factors Influencing the Popularity of Customer-Generated Content in a Company-Hosted Online Co-Creation Community:A Social Capital Perspective[J]. Computers in Human Behavior,2016(64):760-768.

⑤ Coleman J S. Foundations of Social Theory[M]. Cambridge,MA:Belknap Press of Harvard University Press,1990.

⑥ Lin N. Social Resources and Social Actions[M]. Cambridge:Cambridge University Press,1998.

使用好的社会资本有利于个体行动的成功，好的社会资本具有可调用的资源优质性高、资源异质性强、资源数量多的特点。

社会资本理论关注嵌入在个体社会网络中的资源，为要解决如何获取和使用这些资源使个体实现自身目的，包括社会资本回报命题和社会资本获取命题（详见第二章社会资本理论）。在社会关系网络中，个体可以通过直接或间接的社会关系来调用嵌入在社会网络中的资源，这些资源并非行动者个体所拥有的，而是由个体所建立的社会关系决定的。总结而言，个体的社会结构地位（Position）和在社会网络中的位置（Location）差异，会导致个体对资源的获取和控制能力差异，决定了其社会资本的多寡，进而决定了其所获回报（Lin，2002）①。

对个体创新来讲，有价值的资源即网络中其他个体所拥有的差异化创新知识和资源，个体可以通过获取社会网络中的这些资源增加自身创新知识和资源，从而促进创新产出（Nahapiet and Ghoshal，1998）②。前人有关创新的研究已经表明，以新的方式重新整理或组合知识是形成创新思想的重要方式（Amabile，1988；Amar and Juneja，2008；Kohn et al.，2011）③④⑤。创新用户之间的互动有助于创新知识和创新资源的流动，为创新者产生自己的想法提供有用的启发，增加了创新用户通过知识重组产生创新的可能（Stephen et al.，2016）⑥。同时，创新用户在社会网络的网络特征（网络大小、密度、多样性等），以及个体在网络中的位置（中心性、结构洞等）和社会联系的强度等，会影响个体获取异质性信息的能力和机会，最终影响个人的创新产出绩效。

---

① Lin N. Social Capital：A Theory of Social Structure and Action ［M］. Cambridge：Cambridge University Press，2002.

② Nahapiet J，Ghoshal S. Social Capital，Intellectual Capital，and the Organizational Advantage ［J］. Academy of Management Review，1998，23（2）：242-266.

③ Amabile T M. A Model of Creativity and Innovation in Organizations ［J］. Research in Organizational Behavior，1988，10（1）：123-167.

④ Amar A D，Juneja J A. A Descriptive Model of Innovation and Creativity in Organizations：A Synthesis of Research and Practice ［J］. Knowledge Management Research & Practice，2008，6（4）：298-311.

⑤ Kohn N W，Paulus P B，Choi Y H. Building on the Ideas of Others：An Examination of the Idea Combination Process ［J］. Journal of Experimental Social Psychology，2011，47（3）：554-561.

⑥ Stephen A T，Zubcsek P P，Goldenberg J. Lower Connectivity Is Better：The Effects of Network Structure on Redundancy of Ideas and Customer Innovativeness in Interdependent Ideation Tasks ［J］. Journal of Marketing Research，2016，53（2）：263-279.

## 二、基于互联网的社会资本与用户创新

虽然社会资本理论的代表者之一普特南认为，互联网的出现降低了人类社会中的社会资本，他认为人与人基于互联网的交互联系并不能算作社会资本；然而社会资本理论的另一位代表者林南却认为，互联网也会创造社会资本，人们通过互联网可以方便地进行交互并获取信息，（基于互联网而形成的虚拟网络）从根本上来讲是关系和嵌入性资源——一种社会资本……互联网不仅富含社会资本，而且成为人们进行目的性行动时的重要投资（林南，2005）[①]。目前，众多学者的研究已经证实互联网中人与人之间的交互确实会创造社会资本，如 Burke 等（2010）、Burke 等（2011）、Ellison 等（2011）、Ellison 等（2014）[②③④⑤]。

互联网给人们提供了进行社会活动的新环境——在线虚拟环境，虽是原创但也是现实生活的另一种延伸（Williams，2006），基于现实世界提出的社会资本同样适用互联网世界。学者周宇豪（2014）认为，互联网社会资本是嵌入在行动者通过互联网建立的社会关系网络中的、可以带来预期收益的资源投资，这些资源包括社会关系网络内行动主体通过互联网对内、对外的合作交往及交往合作形成的相互认同、互惠能力和交往过程中积淀下来的社会信仰、信任、价值理念和行为规范。

基于众多学者的研究，我们认为，互联网社会资本属于社会资本的一种，这种资本反映了互联网技术对人类社会活动的改变，以及由此带来的人与人之间的新型关系。因此，创新用户基于互联网建立的交互联系及其所形成的网络同样具有社会内涵，代表着创新者可以调动或使用的互联网资源（差异化信息和创新知

①　林南. 社会资本：关于社会结构与行动的理论［M］. 张磊，译. 上海：上海人民出版社，2005.

②　Burke M，Kraut R，Marlow C. Social Capital on Facebook：Differentiating Uses and Users［C］. Vancouver：Proceedings of the SIGCHI Conference on Human Factors in Computing Systems，2010.

③　Burke M，Marlow C，Lento T. Social Network Activity and Social Well-Being［C］. Atlanta：Proceedings of the 28th International Conference on Human Factors in Computing Systems，2011.

④　Ellison N B，Steinfield C，Lampe C. Connection Strategies：Social Capital Implications of Facebook-Enabled Communication Practices［J］. New Media & Society，2011，13（6）：873-892.

⑤　Ellison N B，Vitak J，Gray R，et al. Cultivating Social Resources on Social Network Sites：Facebook Relationship Maintenance Behaviors and Their Role in Social Capital Processes［J］. Journal of Computer-Mediated Communication，2014，19（4）：855-870.

识），在线交互联系同样会创造互联网社会资本，进而影响用户创新。

有一点必须注意，社会资本理论是基于人与人之间的传统线下交互关系而提出的。对基于互联网搭建的开放式创新平台而言，创新用户之间的在线交互能否如传统交互一样创造社会资本，从而影响用户创新呢？互联网中的信息和资源具有透明和公开化的特点，世界上越来越多的人可以免费使用网络信息和资源，这意味着开放式创新平台中的创新资源更容易被用户平等获取，因此用户获取资源的约束和控制正在减少，用户与用户之间的权利差异也在减少。那么，用户在调用开放式创新平台互联网社会资源时，是否还会因社会结构地位（等级地位）、网络位置、关系强度等的不同而出现差异？互联网中的桥梁或结构洞还会具有竞争优势吗？这些问题尚待验证。

### 三、开放式创新平台社会资本的测量

关于社会资本在管理学领域的衡量，最常用的是 Nahapiet 和 Ghoshal （1998）对社会资本的分类，他们将社会资本分为三个维度进行衡量——结构维度、关系维度和认知维度[①]。其中，结构维度和关系维度与格兰诺维特所提出的结构型嵌入、关系型嵌入类似。Granovetter （1992）认为，社会资本在社会网络中具有结构型嵌入、关系型嵌入两种嵌入层面：结构型嵌入关注社会系统特征和关系网络整体特征，指的是个体与个体之间联系的客观结构；关系型嵌入关注个体之间基于历史交互所形成的彼此之间关系的特征，常以关系程度来衡量[②]。认知维度的社会资本指的是嵌入在网络中的共享语言和编码（Share Language and Code），如对协作目标的共识，网络中个体之间一致的行为范式等，衡量的是团体整体层面的社会资本，不适用个体层面。

本章主要关注创新用户个体层面的社会资本，旨在探讨用户个体社会网络特征如何影响用户个体创新（非团体创新），适合从结构维度和关系维度两方面来

① Nahapiet J, Ghoshal S. Social Capital, Intellectual Capital, and the Organizational Advantage ［J］. Academy of Management Review, 1998, 23 （2）: 242-266.

② Granovetter M. Problems of Explanation in Economic Sociology ［M］ //N Nohria, R Eccles. Networks and Organizations: Structure, Form and Action. Boston: Harvard Business School Press, 1992.

衡量社会资本。因此，下文分别从结构维度和关系维度两方面衡量开放式创新平台社会关系网络的社会资本，并基于这两维度提出社会网络特征与用户创新产出的关系假设。

（一）结构维度社会资本

结构维度的社会资本是指行动者个体之间所建立的社会关系及这种关系的结构模式——在社会网络中你联系到了谁，以及你如何与他们建立联系的（Nahapiet and Ghoshal，1998）[①]。个体社会网络结构（其所拥有社会网络关系的数量和网络位置）决定了个体控制资源、信息与知识的能力，决定了其社会资本的多寡，进而决定了其所获回报（Lin，2002）[②]。

结构维度描述了社会网络关系的两个方面：一是行动者个体是否与他人建立了社会关系，以及这种社会关系的多寡，关系越多代表可通过社会关系获取的信息和资源越多；二是个体社会关系网络的结构模式，如个体周围网络所呈现的网络拓扑结构、网络密度、连通性等，这种结构决定了个体能够通过网络获取高价值资源的可能和难易程度（Tsai and Ghoshal，1998）[③]。具体而言，可从个体的网络中心性和是否处于桥梁位置两方面来衡量结构维度社会资本，其中，个体的网络中心性反映社会关系的多寡，桥梁位置反映个体社会关系网络的桥梁结构，是一种重要的网络结构模式。

1. 网络中心性

社会资本理论代表人之一林南认为，现实社会中存在等级制结构，个体在等级结构中的位置越好（所处等级越高），越可能获取和使用好的社会资本[④]。因为等级越高意味着个体可以接近更多的社会位置，建立更多的社会关系，对社会资源就有更大的控制。而在开放式创新平台中，所有用户均平等地参与平台中的各样创新活动，并且多采用匿名形式，用户在现实社会中的等级地位并不能在创

① Nahapiet J，Ghoshal S. Social Capital，Intellectual Capital，and the Organizational Advantage［J］. Academy of Management Review，1998，23（2）：242-266.

② Lin N. Social Capital：A Theory of Social Structure and Action［M］. Cambridge：Cambridge University Press，2002.

③ Tsai W，Ghoshal S. Social Capital and Value Creation：The Role of Intrafirm Networks［J］. Academy of Management Journal，1998，41（4）：464-476.

④ 对应第二章第二节社会资本理论重要命题的地位强度命题。

新平台社会关系网络中发挥作用。

在互联网中，常以网络中心性衡量个体在网络中所处位置的重要程度，网络中心性描述个体是否广泛地参与到与其他个体的关系中，代表个体在网络中的中心地位（Lin，2008）①。在基于开放式创新平台的社会关系网络中，处于网络中心的创新用户意味着其与更多在线用户建立了关系，这些关系使得创新用户可获取到更多内含在其他用户身上的创新知识和资源，从而为创新用户提供更多社会资本，促进用户产出更多创新成果。有研究已经证实，在企业的社会关系网络中，企业的中心性越高就越有可能产出高创新绩效，因为相比其他企业，中心位置企业能获得更多信息和资源（Lin et al.，2009；钱锡红等，2010）②③。一般而言，处于网络中心位置的个体会在网络中拥有较高的地位和声誉。基于以上分析，提出如下假设：

H1：开放式创新平台中，创新用户的社会网络中心性越高，用户的创新产出越多。

2. 网络桥梁位置

根据社会资本理论，社会网络中的桥梁位置是具有重要战略地位的网络位置，处在该位置的个体具有获取资源和控制资源的双重优势④。桥梁是两个群体的行动者之间的连接，可以使信息从一个圈子流向另一个圈子，承担着尽可能地获取嵌入在两个群体中的资源的重要功能。因此，处于桥梁位置的个体控制着与其他个体节点之间的资源流动，使其处于更有权力的位置（Wasserman and Faust，1994）⑤。有学者 Cross 和 Cummings（2004）对员工社会关系网络进行分析，发

---

① Lin N. A Network Theory of Social Capital [M] //D Castiglione, J W V Deth, G Wolleb. The Handbook of Social Capital. Oxford：Oxford University Press, 2008.

② Lin Z, Yang H, Arya B. Alliance Partners and Firm Performance：Resource Complementarity and Status Association [J] . Strategic Management Journal, 2009, 30（9）：921-940.

③ 钱锡红，杨永福，徐万里. 企业网络位置、吸收能力与创新绩效——一个交互效应模型 [J] . 管理世界，2010（5）：118-129.

④ 对应第二章第二节社会资本理论重要命题的位置强度命题。

⑤ Wasserman S, Faust K. Social Network Analysis：Methods and Applications [M] . Cambridge：Cambridge University Press, 1994.

现处于桥梁位置发挥"中间人"作用的员工往往拥有更高的工作绩效[①]。

在开放式创新平台中，虽然平台中的信息和资源具有透明性和公开性，貌似使用户与用户之间不再有权利差异，对桥梁位置的资源控制能力构成了威胁（Kane et al.，2014）[②]。但同时也要注意，互联网所承载的信息和资源量是相当巨大的，由于每个人获取信息的时间和精力十分有限，个人永远无法把互联网中所有信息和资源完全获取到。Sims 的理性疏忽理论（Rational Inattention）也强调，一个人在获取和处理信息时都需要支付成本，人有限的注意力是其行为的一个重要约束（Sims，2006；王军，2011；Luo et al.，2017）[③④⑤]。以乐高开放式创新平台为例，平台中共有 90 多万名注册用户，主动发布过创意的用户也有上万人，同时跟这么多用户建立在线交互是不现实的。这就使得每个用户真正接触和获取到的创新资源仍然存在局限性，网络中依然存在着优势战略位置，处于该位置的个体能在有限时间精力内获取到网络中高价值的信息（如异质性创新资源）。

通常而言，桥梁位置可以使用户获得更多具有多样性的创新知识和资源，有利于用户通过知识重组产出创意项目。桥梁位置用户意味着同时与两个不同的创新用户群组建立了关系，由于不同群组创新用户拥有相同创新资源的概率较低，从而降低了桥梁位置用户通过社会关系获得冗余创新资源的概率。因此，在开放式创新平台创新关系网络中，用户越靠近网络中的桥梁位置，越容易获取多样性的创新资源，同时拥有更多的资源控制权，越能帮助用户提高创新产出。基于以上分析，提出如下假设：

H2：开放式创新平台中，创新用户越处于网络中的桥梁位置，用户的创新

① Cross R，Cummings J N. Tie and Network Correlates of Individual Performance in Knowledge-Intensive Work［J］. The Academy of Management Journal，2004，47（6）：928-937.

② Kane G C，et al. What's Different about Social Media Networks？A Framework and Research Agenda［J］. MIS Quarterly，2014，38（1）：275-304.

③ Sims C A. Rational Inattention：Beyond the Linear-Quadratic Case［J］. American Economic Review，2006，96（2）：158-163.

④ 王军. 克里斯托夫·西姆斯理性疏忽理论评介［J］. 经济学动态，2011（12）：104-109.

⑤ Luo Y，et al. Rational Inattention and the Dynamics of Consumption and Wealth in General Equilibrium［J］. Journal of Economic Theory，2017（172）：55-87.

产出越多。

(二) 关系维度社会资本

关系维度的社会资本指行动者个体之间基于历史交互所形成的彼此之间关系的强度，这种关系会影响行动者行为，具体可从行动者之间的信任和可靠度、互惠规范、义务和期望等方面来衡量 (Nahapiet and Ghoshal, 1998)①。个体之间的信任关系越强，越可能共享和交换资源，减少机会风险 (Putnam, 1993)②。很多学者利用关系强度衡量个体之间的关系维度社会资本 (Shu et al., 2018)③。

格兰诺维特认为，对于目的性行动而言，"弱关系"更有作用 (Granovetter 1973)④。他认为，"弱关系"代表个体之间由于交流和接触产生情感联系较弱、亲密度较低的人际交往纽带，加强的是信息间的交流和传递，不同于加强人与人之间情感联系的"强关系"，"弱关系"会产生更多的有用信息交换，有利于目的性行动的成功。林南认为"弱联系"是相对"强联系"而言的，最弱的联系显然是没有用的，因为没有强度的关系是不能刺激交换的 (林南, 2005)⑤。同时，另有学者证实强关系也存在一定作用，尽管它接触的资源范围及多样性可能会受到限制。例如，企业家之间的关系强度越高，越有利于企业家机会的发现 (Shu et al., 2018)⑥，当行动个体处在等级制的顶层及其附近时，强关系更能带来成功 (Lin and Dumin 1986；Burt, 1997)⑦⑧。

学者 Donath (2007) 指出，"时间成本可以反映人们为了维持这种关系所愿

① Nahapiet J, Ghoshal S. Social Capital, Intellectual Capital and the Organizational Advantage [J]. Academy of Management Review, 1998, 23 (2): 242-266.

② Putnam R D. The Prosperous Community: Social Capital and Public Life [J]. The American Prospect, 1993 (13): 35-42.

③ Shu R, Ren S, Zheng Y. Building Networks into Discovery: The Link between Entrepreneur Network Capability and Entrepreneurial Opportunity Discovery [J]. Journal of Business Research, 2018 (85): 197-208.

④ Granovetter M S. The Strength of Weak Ties [J]. American Journal of Sociology, 1973, 78 (6): 1360-1380.

⑤ 林南. 社会资本：关于社会结构与行动的理论 [M]. 张磊, 译. 上海：上海人民出版社, 2005.

⑥ Shu R, Ren S, Zheng Y. Building Networks into Discovery: The Link between Entrepreneur Network Capability and Entrepreneurial Opportunity Discovery [J]. Journal of Business Research, 2018 (85): 197-208.

⑦ Lin N, Dumin M. Access to Occupations through Social Ties [J]. Social Networks, 1986, 8 (4): 365-385.

⑧ Burt R S. The Contingent Value of Social Capital [J]. Administrative Science Quarterly, 1997, 42 (2): 339-365.

意付出的资源"①，是否在互联网中花费时间于维持与他人关系上，可以被看作是否存在真正社会关系的信号（Ellison et al.，2014)②。在互联网中花费更多时间维持与他人关系，即意味着用户之间的交互次数更多，这种代表了彼此之间的认可和肯定，即真正社会关系的建立，这与现实世界中用户交互次数多代表加强情感联系的目的不同，所以互联网中的交互关系并不适宜直接用格兰诺维特的"弱关系"理论来解释。

开放式创新平台中的用户联系具有自身特殊之处，创新用户之间的交互多是基于创意而进行的，创新用户之间交换的信息也是与创意相关的知识和信息，不管用户之间交互频率高还是低，用户之间的交互都是基于创意信息的交流和传递。在开放式创新平台中，用户之间进行交互的内容、频率、交换信息的长度等，是彼此之间社会关系强度和实质的反映。因此，创新用户之间的交互强度越大，代表交互信息越多，因此更能提高用户的创新产出。此外，能与其他创新用户建立紧密的关系有利于用户认可自身创新能力，以及来自其他创新用户的鼓励和积极的反馈会增加用户产出创意的信心（Sequeira et al.，2008)③。基于以上分析，提出如下假设：

H3：开放式创新平台中，创新用户与他人的关系强度越强，用户的创新产出越多。

开放式创新平台中用户之间的交互是基于创新知识交换而进行的，而创新性知识往往具有较复杂、难以显性化的特征，这可能会影响创新知识交换的效果。创新用户之间多次反复的交互会促使用户之间形成共享语言和一致的编码规范，这将有利于复杂信息的顺利交流和传递，从而提高创新知识交换的效果。有学者已经证实，关系强度高有利于彼此之间进行复杂的、特殊的信息和知识的交换

①　Donath J. Signals in Social Supernets [J]. Journal of Computer-Mediated Communication，2007，13 (1)：231-251.

②　Ellison N B，et al. Cultivating Social Resources on Social Network Sites：Facebook Relationship Maintenance Behaviors and Their Role in Social Capital Processes [J]. Journal of Computer-Mediated Communication，2014，19 (4)：855-870.

③　Sequeira J，Mueller S L，Mcgee J E. The Influence of Social Ties and Self-Efficacy in Forming Entrepreneurial Intentions and Motivation Nascent Behavior [J]. Journal of Developmental Entrepreneurship，2008，12 (3)：275-293.

（Levin and Cross，2004）[①]。

因此，创新用户之间的关系越强，即用户之间的交互越频繁，代表用户之间进行创新知识交换时会越顺畅越深入，这将越有利于彼此传递、理解、吸收复杂的创新知识。当创新用户的结构位置既定时，创新用户与相联系用户的关系强度越强，越有利于彼此进行复杂创新知识的交换，从而有利于提高用户创新产出。基于以上分析，提出如下假设：

H4a：开放式创新平台中，创新用户间的关系强度正向调节用户的社会网络中心性对创新产出的影响，关系强度越强，社会网络中心性对创新产出的影响越大。

H4b：开放式创新平台中，创新用户间的关系强度正向调节用户的社会网络桥梁位置对创新产出的影响，关系强度越强，社会网络桥梁位置对创新产出的影响越大。

本章理论模型如图 5-1 所示。

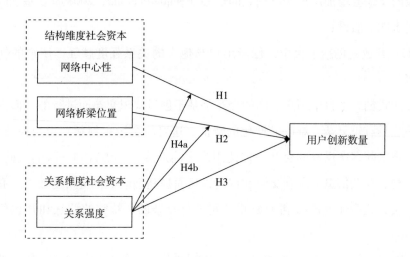

图 5-1　本章理论模型

---

① Levin D Z, Cross R. The Strength of Weak Ties You Can Trust：The Mediating Role of Trust in Effective Knowledge Transfer［J］. Management Science，2004，50（11）：1477-1490.

# 第三节　数据、模型与变量

## 一、社会关系网络选取与数据

由第三章的分析可知，乐高开放式创新平台共包含"支持""追随""评论"三类交互关系网络。本章认为，"追随"关系网络最能代表用户之间社会关系的内涵，最有可能创造出社会资本。从实际内涵上讲，用户之间的相互"追随"更能代表用户之间类似朋友的关系，代表社会交互关系的建立。若创新用户 A "追随"了创新用户 B（或其创意项目），则创新用户 B（或其创意项目）就会显示在创新用户 A 的用户页面中，方便用户 A 随时访问用户 B 的页面及其创意项目（见图 5-2）。因此，本章选取创新用户之间的"追随"关系构建创新用户的社会关系网络。

**图 5-2　乐高开放式创新平台创新用户页面实例（部分）**

注：日期为 2018 年 1 月 1 日。

将乐高开放式创新平台"追随"关系网络图可视化，如图5-3所示。图5-3呈现出明显的核心—边缘特性，并且核心较大。这意味着大部分用户集中在核心位置及核心位置周围，这些用户彼此之间联系较紧密；同时，另一部分用户分散在核心周围与其他用户的联系较稀少。其中，节点的颜色代表节点的入度，即该用户"被追随"的数量。

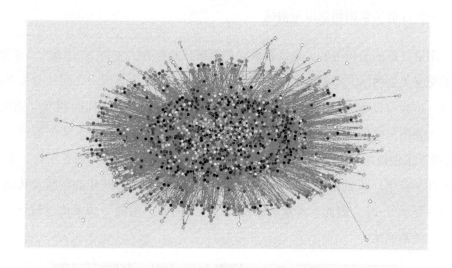

**图5-3 乐高开放式创新平台"追随"关系网络**

另外，基于实证数据需要，本部分又重新爬取了2043名社会关系网络用户的特征数据（如用户加入LEGO平台时间、用户在平台中所获积分值、用户所获勋章及勋章值），以及样本用户2017年所发布创意项目数据（如创意项目名称、发布天数、创意描述、创意包含图片、标签、更新次数、创意项目所获支持数、项目评论数、浏览数等）。

**二、模型设定**

在乐高开放式创新平台中，用户创新产出的主要表现形式就是创新用户所发布的创意项目，因此本章以用户发布创意项目数量来衡量用户创新产出，并分别从结构维度、关系维度来探究社会关系网络对用户创新的影响，具体回归模型如下：

$$Y_i = \beta_0 + \beta_1 central_i + \beta_2 bridge_i + \beta_3 strength_i + \beta_4 x_i + \varepsilon_i \qquad (5-1)$$

其中，$Y_i$ 是创新用户 $i$ 在 2017 年所发布的创意项目总数，$central_i$ 是创新用户的社会网络中心性，$bridge_i$ 是创新用户的社会网络桥梁位置程度，$strength_i$ 是创新用户与网络中其他用户之间的关系强度，$x_i$ 是与创新用户特征相关的控制变量。由于 $Y_i$ 为非负整数，适用于计数回归模型的假设条件，因此使用泊松回归（Poisson Regression）进行估计。

进一步考虑关系强度的调节作用，在式（5-1）添加调节效应，即分别构造关系强度与社会网络中心性的交互项，以及关系强度与社会网络桥梁位置程度的交互项，回归模型如下：

$$Y_i = \beta_0 + \beta_1 central_i + \beta_2 bridge_i + \beta_3 strength_i + \beta_4 central_i \times strength_i + \beta_5 bridge_i \times strength_i +$$
$$\beta_6 x_i + \varepsilon_i \qquad (5-2)$$

### 三、变量选取

（一）被解释变量

以创新用户 2017 年发布的创意项目数量（$ideas2017$）来衡量用户创新产出。

（二）主要解释变量

1. 网络中心性

选取节点中心度衡量创新用户的社会网络中心性。在有向网络中，节点中心度指标有三个——节点入度、节点出度、节点总度，本章选择节点入度衡量网络中心性。创新用户的节点入度即用户在平台中的追随者数量，入度越高，则该用户的追随者越多，越处于网络的中心位置，可利用的关系数也就越多。

2. 网络桥梁位置

以往学者常利用 Burt（1992）[①] 提出的结构洞来衡量网络中的桥梁位置（刘善仕等，2017）[②]。结构洞是非冗余联系人之间的缺口，占据或接近更多结构洞

---

① Burt R S. The Social Structure of Competition［J］. Economic Journal，1992，42（22）：7060-7066.

② 刘善仕，孙博，葛淳棉，等. 人力资本社会网络与企业创新——基于在线简历数据的实证研究［J］. 管理世界，2017（7）：88-98.

的节点个体控制着与其他节点之间的资源流动，使其处于更有权力的位置，连接结构洞的行为被称为"搭桥"。网络约束（Network Constraint）是测算结构洞的一个重要指标，网络约束表征了个体网络的闭合性，网络约束越低，表明与自我节点相连的其他节点所覆盖的网络越开放，即结构洞数量越多，该节点的桥梁作用越显著。由于网络约束与桥梁作用呈反向关系，本章构造变量 *bridge* 为 1 减去结构洞网络约束系数，来测量节点的网络桥梁位置。其中，结构洞网络约束系数的计算方法详见第二章式（2-2）、式（2-3）、式（2-4），本章利用社会网络分析软件 Pajek 直接计算得出，详细步骤见附录 5。

3. 关系强度

罗家德（2010）在综合前人的关系强度测算指标的基础上，对所有指标进行因子分析，得出关系强度的两维度因子——亲密度（包括指标：亲密程度、亲密朋友圈）和互动度（包括指标：互动频率等)[1]。因此，本章也从这两个维度构造创新用户关系强度指标。

在开放式创新平台中，用户之间的相互"追随"关系可以反映两用户间的高亲密度，比单方面"追随"的用户间亲密度更高。同时，"相互"追随的用户之间交互的次数可以反映两者间的互动度。综合考虑亲密度和互动度两个方面，本章通过计算相互"追随"用户关系的平均交互次数，来构造关系强度指标，公式如下：

$$strength_i = \frac{recitimes_i}{(reciprocity_i + 1)} \qquad \text{(5-3)[2]}$$

其中，$reciprocity_i$ 是与用户 $i$ 具有相互"追随"关系的用户总数，分子中 $recitimes_i$ 是用户 $i$ 与所有相互"追随"关系用户的总交互次数，具体有两种计算方法：

$$rrecitimes_i = \begin{cases} \sum_j sum(I_{ij},\ i_{ji}) & (1) \\ \sum_j min(I_{ij},\ i_{ji}) & (2) \end{cases} \quad (i \neq j) \qquad \text{(5-4)}$$

---

① 罗家德. 社会网分析讲义（第二版）[M]. 北京：社会科学文献出版社，2010.

② 由于在网络中存在一些用户没有与任何人建立相互"追随"关系，值为 0，不能单独作为分母，因此将 *reciprocity* 加 1 作为分母。

式（5-4）中 $I_{ij}$ 和 $I_{ji}$ 分别代表用户 $i$ "追随" 用户 $j$ 的次数、用户 $j$ "追随"用户 $i$ 的次数。第（1）种方法取两者之和作为用户 $i$ 与用户 $j$ 的交互次数，第（2）种方法取两者中的最小值作为用户 $i$ 与用户 $j$ 的交互次数。因此，根据交互次数（recitimes）的不同计算方法，本章构造出两个关系强度变量，strength_sum［式（5-4）第（1）种方法］和 strength_min［式（5-4）第（2）种方法］。其中，$reciprocity_i$ 和 $recitimes_i$ 均通过社会网络分析软件 Pajek 计算得出，计算方法和详细步骤见附录6。

（三）控制变量

选取相关用户特征变量作为控制变量。具体包括用户加入平台月数（user_age）、用户的社交性［用户在平台中获得的 "社交达人" 勋章数（socializer）］、用户积极参加乐高测试实验室的次数（test_lab）、用户过去发布创意数（用户2017年前发布创意项目数 pastideas）。

**四、变量描述性分析**

图5-4为每位创新用户2017年创新产出的分布图，最高为55个，最低为1个。90%以上的用户发布创意数少于5个，大多数用户只发布了一个创意，发布创意数多于10个的用户总比例不到2%。

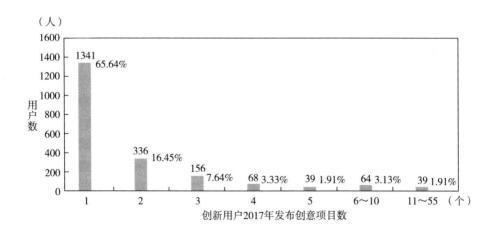

**图5-4　创新用户 2017 年创新产出分布**

此外，不同社会网络特征变量之间有可能存在相关性，因此需要对自变量进行多重共线性检验，常用的方法是计算方差膨胀因子（VIF）。一般而言，VIF<5意味着自变量的共线性是可以接受的，VIF>10则代表自变量拥有严重的多重共线性问题。本章将所有自变量对被解释变量（*ideas*2017）进行线性回归，得到因变量VIF值在1.14~1.91，代表自变量之间并没有高度共线性问题，可以用以研究，具体VIF值及各变量的描述性统计如表5-1所示。

表5-1　主要变量描述性统计

| 变量 | 样本量 | 均值 | 标准差 | 最小值 | 最大值 | VIF（1） | VIF（2） |
|---|---|---|---|---|---|---|---|
| *ideas*2017 | 2043 | 2.032 | 3.023 | 1 | 55 | — | |
| *central* | 2043 | 15.15 | 21.86 | 0 | 282 | 1.67 | 1.65 |
| *bridge* | 2043 | 0.794 | 0.238 | 0 | 0.992 | 1.25 | 1.27 |
| *strength_sum* | 2043 | 0.626 | 1.059 | 0 | 10.33 | 1.35 | |
| *strength_min* | 2043 | 0.222 | 0.346 | 0 | 0.993 | | 1.37 |
| *socializer* | 2043 | 1.514 | 10.08 | 0 | 178 | 1.80 | 1.81 |
| *user_age* | 2043 | 17.977 | 15.396 | 1 | 75 | 1.15 | 1.14 |
| *pastideas* | 2043 | 1.623 | 6.206 | 0 | 124 | 1.91 | 1.91 |

此外，还对所有自变量做了相关性分析，如表5-2所示。其中，*strength_sum* 和 *strength_min* 的相关关系高达0.9179，说明两者高度相关，在实证回归中可作为彼此的可替代变量。此外，其他变量间的相关关系不超过0.65，适合进行实证回归研究。

表5-2　主要变量的相关性分析

| 变量 | *central* | *bridge* | *strength_sum* | *strength_min* | *user_age* | *socializer* | *pastideas* |
|---|---|---|---|---|---|---|---|
| *central* | 1.0000 | | | | | | |
| *bridge* | 0.4008 | 1.0000 | | | | | |
| *strength_sum* | 0.4570 | 0.3505 | 1.0000 | | | | |
| *strength_min* | 0.4585 | 0.3807 | 0.9179 | 1.0000 | | | |
| *user_age* | 0.2432 | 0.1173 | −0.0012 | 0.0185 | 1.0000 | | |

| 变量 | central | bridge | strength_sum | strength_min | user_age | socializer | pastideas |
|---|---|---|---|---|---|---|---|
| socializer | 0.3724 | 0.1082 | 0.1692 | 0.1836 | 0.1355 | 1.0000 | |
| pastideas | 0.3851 | 0.1419 | 0.1363 | 0.1460 | 0.2898 | 0.6483 | 1.0000 |

# 第四节　实证结果与分析

## 一、不同维度社会网络指标对用户创新的直接影响

表5-3展示了式（5-1）的回归结果，结果显示，结构维度和关系维度的社会网络指标均正向显著影响用户创意数量。其中，回归（1）只包含结构维度指标，创新用户网络中心性（central）和网络桥梁位置（bridge）均正向显著影响用户发布创意数量，说明用户越处于网络的中心，或越处于桥梁位置，用户创新产出越多。回归（2）和回归（3）只包含关系维度指标，分别以指标 strength_sum 和 strength_min 衡量关系强度，两指标均正向显著影响用户创意数量。回归（4）和回归（5）包含了所有维度社会网络指标（分别以 strength_sum 和 strength_min 衡量关系强度），结果显示网络中心性、网络桥梁位置、关系强度指标的回归系数均显著为正。这说明，处于网络中心位置和桥梁位置的用户更容易产出更多创意（假设 H1、假设 H2 得证），并且用户与他人的关系强度越强，用户的创意产出越多（假设 H3 得证）。

表5-3　不同维度社会资本对用户创新的影响

| 变量 | (1) | (2) | (3) | (4) | (5) |
|---|---|---|---|---|---|
| central | 0.017*** <br> (0.002) | | | 0.014*** <br> (0.001) | 0.015*** <br> (0.002) |

续表

| 变量 | （1） | （2） | （3） | （4） | （5） |
|---|---|---|---|---|---|
| *bridge* | 0.688*** | | | 0.449*** | 0.509*** |
| | （0.096） | | | （0.093） | （0.088） |
| *strength_sum* | | 0.280*** | | 0.149*** | |
| | | （0.036） | | （0.030） | |
| *strength_min* | | | 0.859*** | | 0.298*** |
| | | | （0.097） | | （0.088） |
| *user_age* | −0.009*** | −0.002 | −0.003* | −0.008*** | −0.009*** |
| | （0.002） | （0.002） | （0.002） | （0.002） | （0.002） |
| *test_lab* | −0.082** | 0.020** | 0.023** | −0.066** | −0.073** |
| | （0.038） | （0.009） | （0.009） | （0.027） | （0.032） |
| *socializer* | −0.021*** | −0.014*** | −0.014*** | −0.021*** | −0.021*** |
| | （0.004） | （0.004） | （0.004） | （0.004） | （0.004） |
| *pastideas* | 0.035*** | 0.035*** | 0.035*** | 0.035*** | 0.035*** |
| | （0.005） | （0.006） | （0.006） | （0.005） | （0.005） |
| Constant | −0.047 | 0.448*** | 0.457*** | 0.052 | 0.034 |
| | （0.058） | （0.044） | （0.040） | （0.053） | （0.054） |
| 样本量 | 2043 | 2043 | 2043 | 2043 | 2043 |

注：***表示1%水平显著，**表示5%水平显著，*表示10%水平显著，括号内为稳健标准误。

回归（4）、回归（5）中网络中心性、网络桥梁位置、关系强度指标的回归系数与回归（1）、回归（2）、回归（3）中回归系数的正负方向性和显著性均一致，说明了不同维度社会关系网络指标对用户创新影响的稳健性。

## 二、关系强度的调节作用

进一步考虑关系强度的调节作用，模型（5-2）的回归结果如表5-4所示。其中，回归（1）以指标 *strength_sum* 衡量关系强度，回归（2）以指标 *strength_min* 衡量关系强度。回归（1）和回归（2）的结果均表明，关系强度与网络中心性的交互项（*central×strength*）对用户创新产出的影响并不显著，表明关系强度并不调节网络中心性对用户创新产出的影响（假设H4a不成立）；而关系强度与网络桥梁位置的交互项对用户创新产出的影响却非常显著，交互项

（*bridge×strength*）的系数符号显著为正，代表关系强度增强了网络桥梁位置对创新产出的影响，即两个处于同等程度桥梁位置的创新用户，与其他用户关系强度高的用户比关系强度低的用户会产出更多创意（假设 H4b 得证）。

表 5-4　关系强度的调节作用

| 变量 | （1） | （2） |
|---|---|---|
| *central* | 0.014*** | 0.017*** |
| | （0.002） | （0.002） |
| *bridge* | 0.410*** | 0.416*** |
| | （0.073） | （0.082） |
| *strength_sum* | −0.733** | |
| | （0.313） | |
| *central×strength_sum* | −0.000 | |
| | （0.001） | |
| *bridge×strength_sum* | 0.940*** | |
| | （0.347） | |
| *strength_min* | | −1.415* |
| | | （0.781） |
| *central×strength_min* | | −0.003 |
| | | （0.003） |
| *bridge×strength_min* | | 1.913** |
| | | （0.880） |
| *user_age* | −0.008*** | −0.009*** |
| | （0.002） | （0.002） |
| *test_lab* | −0.062** | −0.071* |
| | （0.028） | （0.038） |
| *socializer* | −0.021*** | −0.020*** |
| | （0.004） | （0.003） |
| *pastideas* | 0.034*** | 0.034*** |
| | （0.005） | （0.005） |
| Constant | 0.093** | 0.087* |
| | （0.047） | （0.050） |
| 样本量 | 2043 | 2043 |

注：***表示1%水平显著，**表示5%水平显著，*表示10%水平显著，括号内为稳健标准误。

### 三、稳健性检验

对所有创意项目计算项目发布时间与用户注册时间的差值（idea_days），做 ideas_day 与创意项目个数（Number of Ideas）的散点图，如图5-5所示。

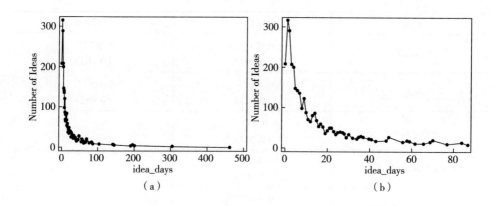

（a）　　　　　　　　　　　　　（b）

**图5-5　用户发布创意项目的时间分布**

注：图（b）只截取 idea_days<100 的部分。

由图5-5可以看出，用户注册10天之内发布的创意项目数波动性较大，用户注册10天之后发布创意项目数渐趋平稳。笔者认为，用户注册10天之内发布的创意项目有很大的不稳定性，用户多是出于新奇而发布创意。因此，从总样本中删除用户注册10天之内发布的创意项目，重新进行回归，对本章第四节第一部分和本章第四节第二部分的实证结果进行稳健性检验。

回归结果如表5-5所示，其中回归（1）、回归（2）是表5-3中回归（4）、回归（5）的稳健性检验，用于检验网络中心性、网络桥梁位置、关系强度对用户创意数量的直接影响，稳健性检验与表5-3中的显著性结果完全一致，回归系数也基本一致。表5-5中回归（3）、回归（4）是表5-4的稳健性检验，用于检验关系强度的调节作用。其中，表示关系强度对网络中心性调节作用的交互项（*central×strength_sum*、*central×strength_min*）与表5-4中的显著性结果完全一致，均为负向不显著；表示关系强度对网络桥梁位置调节作用的交互项（*bridge×*

*strength_sum*、*bridge*×*strength_min*）与表5-4中的显著性结果部分一致，只有 *bridge*×*strength_sum* 的回归系数显著，而 *bridge*×*strength_min* 的回归系数并不显著。

表5-5　稳健性检验（去除注册10天之内发布的创意项目）

| 变量 | （1） | （2） | （3） | （4） |
|---|---|---|---|---|
| *central* | 0.014*** | 0.015*** | 0.013*** | 0.016*** |
| | (0.001) | (0.002) | (0.002) | (0.002) |
| *bridge* | 0.397*** | 0.459*** | 0.368*** | 0.379*** |
| | (0.107) | (0.103) | (0.086) | (0.094) |
| *strength_sum* | 0.147*** | | −0.805** | |
| | (0.033) | | (0.386) | |
| *central*×*strength_sum* | | | −0.000 | |
| | | | (0.001) | |
| *bridge*×*strength_sum* | | | 1.005** | |
| | | | (0.422) | |
| *strength_min* | | 0.297*** | | −1.158 |
| | | (0.097) | | (0.951) |
| *central*×*strength_min* | | | | −0.002 |
| | | | | (0.003) |
| *bridge*×*strength_min* | | | | 1.612 |
| | | | | (1.051) |
| *user_age* | −0.009*** | −0.010*** | −0.009*** | −0.010*** |
| | (0.002) | (0.002) | (0.002) | (0.002) |
| *test_lab* | −0.065** | −0.071** | −0.061** | −0.069** |
| | (0.026) | (0.031) | (0.026) | (0.035) |
| *socializer* | −0.022*** | −0.022*** | −0.022*** | −0.021*** |
| | (0.004) | (0.004) | (0.004) | (0.003) |
| *pastideas* | 0.036*** | 0.036*** | 0.035*** | 0.035*** |
| | (0.005) | (0.005) | (0.005) | (0.005) |
| Constant | 0.110* | 0.098 | 0.151** | 0.144** |
| | (0.065) | (0.067) | (0.059) | (0.062) |
| 样本量 | 1543 | 1543 | 1543 | 1543 |

注：***表示1%水平显著，**表示5%水平显著，*表示10%水平显著，括号内为稳健标准误。

对比基本检验和稳健性检验对假设的支持情况，如表 5-6 所示。两者针对假设 H1、假设 H2、假设 H3、假设 H4a 的检验结果完全一致。其中，假设 H1、假设 H2、假设 H3 成立，表明网络中心性、网络桥梁位置、关系维度均对用户创意产出具有正向影响；假设 H4a 不成立，表明关系强度并不调节网络中心性对创意产出的影响。两者对假设 H4b 的检验结果基本一致，假设 H4b 成立，关系强度正向调节网络桥梁位置对创意产出的影响，但稳健性检验的结果仅为部分支持，表明关系强度的调节作用还需要更多稳健性检验的支持。

表 5-6　基本检验和稳健性检验假设支持情况

| 研究假设 | 假设支持情况 | |
| --- | --- | --- |
| | 基本检验 | 稳健性检验 |
| H1 网络中心性→创意产出（+） | 支持 | 支持 |
| H2 网络桥梁位置→创意产出（+） | 支持 | 支持 |
| H3 关系强度→创意产出（+） | 支持 | 支持 |
| H4a 关系强度正向调节网络中心性对创意产出的影响 | 不支持（负向不显著） | 不支持（负向不显著） |
| H4b 关系强度正向调节网络桥梁位置对创意产出的影响 | 支持 | 部分支持 |

# 第五节　研究结论

本部分以乐高开放式创新平台"追随"关系网络为研究背景，基于社会资本理论，深入探究在线创新用户社会关系网络如何影响用户创新。首先，结合开放式创新平台用户创新的特点，从结构维度和关系维度识别创新用户社会资本的来源；其次，基于"追随"关系网络，计算代表不同维度社会资本的社会网络指标，同时建立实证模型，检验不同维度社会网络指标对用户创新产出的影响，具体如图 5-6 所示。研究发现，创新用户纯粹基于互联网的交互关系如现实世界中的社会联系一样饱含社会资本，蕴含在交互关系中的创新知识和资源能够为用户创造社会资本，从而有助于用户产出更多创意。

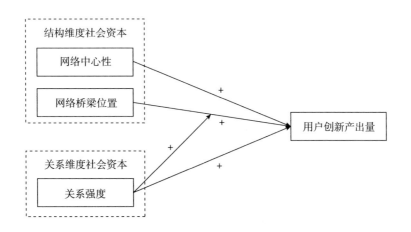

**图 5-6 不同维度社会资本对用户创新的影响**

具体得到如下两个研究结论：

（1）针对开放式创新平台社会关系网络，网络中心性和桥梁位置均正向影响用户创新产出。其中，用户越处于网络的中心，代表与网络中越多用户建立了交互关系，代表用户可调用的创新知识和资源越多，使用户具有信息和资源优势，有利于用户产出更多创意。当用户越处于网络的桥梁位置，即处于一个创新社群与另一个创新社群之间的位置，代表用户越能接触到更多异质性创新知识和资源，因而使创新用户能获取和使用更好的社会资本，从而产出更多创意。

（2）针对开放式创新平台社会关系网络，在线创新用户之间的关系强度也正向影响用户创新产出，而且同时发挥调节作用。一方面，关系强度越强，意味着创新用户之间拥有越高的信任和交互次数，越能促进用户之间进行更多创新知识交换，有利于用户产出更多创意。另一方面，关系强度会调节用户的桥梁作用，会加深桥梁位置异质创新知识资源的交换，异质资源的深度交换是创新的最佳知识来源，因此高关系强度有利于创新知识这种复杂信息的深度交换，使桥梁位置获取到更优质的社会资本，进而促进用户产出更多创意。

# 第六节　本章小结

本章基于前文构建的乐高开放式创新平台社会关系网络，将社会网络分析和实证回归分析相结合，证实了在线交互关系如现实世界中的社会关系一样饱含社会资本，进而影响用户创新产出。同时，本章从结构维度和关系维度两方面深入探讨了开放式创新平台社会关系网络如何影响用户创新产出。

将本章实证结论与林南的社会资本理论命题进行对比，发现：①结构维度的网络中心性和桥梁位置均会正向影响社会资本的获取，这与林南提出的地位强度命题和位置强度命题一致；②关系维度的关系强度也正向影响社会资本的获取，同时发挥调节作用，这与林南提出的关系强度命题（第二章第二节社会资本理论回报命题的关系强度命题）存在一定出入。关于关系强度的作用，林南与格兰诺维特的观点一致，认为"弱联系"的真正作用应该是桥梁作用，可以加强信息间的交流和传递。在本章中，已经采用结构洞来准确衡量用户的桥梁作用，关系强度不再是桥梁作用的代理变量，而是真实反映用户之间关系程度的指标。本章研究发现，开放式创新平台社会关系网络中的关系强度并不真正代表桥梁作用，关系强度有自身的影响机制，这是由互联网社会资本和在线用户交互特征决定的。关系强度一方面正向影响社会资本的获取，并促进用户创新产出；另一方面正向调节桥梁位置对社会资本的获取，提高桥梁位置对用户创新的影响。

# 第六章　开放式创新平台社会关系
## 网络对用户创新质量的影响

第五章的研究结论表明，开放式创新平台的社会关系网络同样可以创造社会资本，促进用户创新产出，但第五章仅从创意数量角度衡量了用户创新产出。本章主要是从质量角度探究开放式创新平台社会网络对用户创新的影响，借助多种计量回归模型（混合回归模型、随机效应模型、生存分析模型），深入探究社会关系网络影响用户创新质量的机理，进一步完善开放式创新平台社会网络对用户创新影响的理论。具体结构为：首先，识别并定义社会关系质量这一关键变量，提出社会关系质量如何影响用户创新质量的假设；其次，根据假设建立相应实证模型，同时基于前文构建的社会关系网络构建社会关系质量测量指标；再次，对实证结果进行展示和分析，同时进行稳健性检验；最后，得出研究结论。

## 第一节　引言

以往针对社会网络与创新之间关系的研究多以创新产出数量来衡量创新绩效

（刘善仕等，2017；赵炎、王燕妮，2017；郭伟等，2018）①②③，关注创新产出质量的研究较少且结论不一。例如，有学者通过实证发现，社会网络关系对用户创新贡献的质量具有促进作用（Wasko and Faraj，2005；Grewal et al.，2006；Yang and Li，2016）；而有学者却发现社会网络关系对知识产出质量并没有什么影响（Chen et al.，2012）④；另有学者 Chiu 等（2006）同时研究了社会网络对创新产出数量和质量的影响，发现社会网络关系虽然能促进用户进行更多的知识分享（数量），但并不能提高用户所分享知识的质量水平⑤。由此可见，学术界对社会网络关系提高创新产出数量已达成共识，但对其能否提高创新产出质量存在分歧，需进一步探索。本章旨在探究开放式创新平台的社会关系网络是否，以及如何影响用户的创新质量。

通过文献梳理，笔者发现以往研究多以数量指标来衡量社会关系（如用户拥有的朋友数量），却忽略了另一个更为关键的因素——社会关系质量。不同用户建立的社会关系存在质量差异，针对创新用户而言，这种质量差异主要表现为社会关系中所蕴含创新知识资源的质量差异。高质量的社会关系蕴含更丰富、更有价值的创新知识资源，更具有产出高质量创新成果的潜力。本章认为，前人实证结论中对社会网络关系能否提高创新产出质量的分歧，很可能是由于对社会关系的测量不当造成的。

目前，关注社会关系质量的研究很少，仅有几项研究是从人与人之间的亲密性和信任来定义社会关系质量（Shirado et al.，2013；Pollack et al.，2016），但并不专注于创新用户。例如，Pollack 等（2016）认为良好的信任即高质量社会

① 刘善仕，等. 人力资本社会网络与企业创新——基于在线简历数据的实证研究 [J]. 管理世界，2017（7）：88-98.

② 赵炎，王燕妮. 越强越狭隘？企业间联盟创新网络的证据——基于资源特征与结构特征的视角 [J]. 科学学与科学技术管理，2017（5）：117-127.

③ 郭伟，等. 开放式创新社区中用户交互反馈对个体创新贡献度的影响 [J]. 科技进步与对策，2018（3）：146-152.

④ Chen L，Marsden J R，Zhang Z. Theory and Analysis of Company-Sponsored Value Co-Creation [J]. Journal of Management Information Systems，2012，29（2）：141-172.

⑤ Chiu C M，Hsu M H，Wang E T G. Understanding Knowledge Sharing in Virtual Communities：An Integration of Social Capital and Social Cognitive Theories [J]. Decision Support Systems，2006，42（3）：1872-1888.

关系的表现，该定义与 Granovetter（1973）定义的社会关系强度类似，强联系之间表现出高亲密性和高信任，弱联系之间表现出弱亲密性和弱信任。但该定义并没有捕捉到对创新用户而言的关键社会关系质量差异——社会关系中蕴含的创新知识质量差异。因此，本章从创新知识质量角度界定创新用户的社会关系质量，"创新用户社会关系中所蕴含的创新知识的质量，取决于与该用户建立社会关系的其他用户的创新水平"。在开放式创新平台中，可通过评估用户过去创新产出的质量得知用户创新水平。该定义更能捕捉到创新用户社会关系的关键差异，更符合针对创新用户进行的社会网络研究。

因此，本章从数量和质量两方面对开放式创新平台中的社会网络关系进行综合衡量，揭示社会网络关系影响用户创新质量的内在机理。

## 第二节　研究假设提出

基于互联网的开放式创新平台为用户之间的交互提供了便利，当创新用户进行交互时，也就意味着创新知识的交换和有用信息的传递。依据社会资本理论，创新用户在平台中拥有的社会关系越多，意味着其在进行创新的过程中能接触到的创新资源越多，通过与众多创新用户的创新信息和知识交换，使其能获得更多有利于创新的社会资本，从而促进用户提高创新产出（Zheng et al.，2014）。因此，在开放式创新平台中，创新用户所拥有的社会网络关系数量越多、网络中蕴含的创新知识和有用信息越丰富，越有利于用户产出更多更好的创新成果（Stephen et al.，2016）。

目前，针对从质量角度衡量用户创新产出的研究，不同学者得出的结论并不一致。Yang 和 Li（2016）以用户创新的流行度（Popularity of Customer-Generated Content）衡量创新产出质量，发现个体在创新社区的社会关系越多创新产出质量越高；而 Chen 等（2012）以优质创意的数量衡量用户创新质量，发现个体在社区中建立的社会网络关系（在知识网络中的嵌入性）对创新产出质量并没有显著影响。我们认为，造成这种不一致的原因可能是忽略了用户所建立社会网络关系的差异性，即社会关系存在创新质量水平差异。

学者 Akcigit 等（2018）在研究专利合作时发现，合作交互的质量显著影响所产出专利的质量。Akcigit 等区分了高质量合作交互（与高于自身水平的创新者合作）和低质量合作交互（与低于自身水平的创新者合作），发现只有高质量合作交互能提高专利质量，而低质量合作交互则会降低专利质量。由于创新者的合作代表了创新者之间社会关系的建立，这说明社会关系的质量会显著影响创新质量。因此，要探讨社会网络关系对用户创新产出质量的影响，必须要关注社会网络关系的质量属性。

创新用户是基于共同的兴趣爱好和创新意愿聚集在开放式创新平台中，一般都乐于通过评论和回复、加为好友、投票支持等方式进行自由交互和学习。鉴于在线社会关系的低建立成本，在线用户交互变得非常普遍。然而，在线社会关系多并不一定意味着能获得更多有利于创新的知识，关键还要看交互对象是否拥有丰富、有价值的创新知识资源，即社会关系的质量。高水平创新用户拥有可产出高质量创新成果的显性和隐性知识，掌握着更多、更丰富的创新资源，而低水平创新用户所拥有的创新知识相对较少，价值也较低。因此，与高水平创新用户进行交互能帮助用户获取丰富、高质量的创新知识资源，从而有利于用户产出高质量创新成果，而与低水平创新用户交互的作用则比较有限。因此，本章认为，用户社会网络关系是否影响用户创新质量，关键取决于社会关系中所蕴含的知识资源质量水平。基于以上分析，提出如下假设：

H1：在开放式创新平台中，社会网络关系是否影响用户创新质量，主要取决于用户所建立社会关系的整体质量水平，即社会网络关系整体质量水平正向影响用户创新质量。

单个社会网络关系的质量可由被交互用户的创新水平衡量。在开放式创新平台中，可以通过用户的历史创新记录来判断用户的创新水平。过去曾产出优秀创新成果的用户倾向于拥有更高质量的创新知识和信息，具有更高的创新水平，本章将这些用户称为"创新精英"。"创新精英"一般拥有较高的平台威望，往往是平台中的少数群体。

按照社会网络关系的质量属性，可进一步将用户所拥有的所有社会网络关系区分为与"创新精英"建立的优质社会网络关系和与其他用户（非"创新精英"）建立的普通社会网络关系。基于假设 H1，可知优质社会网络关系由于蕴含的知识资源质量水平高，从而能帮助用户产出高质量创意；而普通社会网络关系由于蕴含的知识资源有限，对提高用户创新产出的影响也将有限。基于以上分析，提出如下假设：

H2：在用户创新平台中，优质社会网络关系对用户创新产出质量的影响要远高于普通社会网络关系的影响。

## 第三节  数据、模型与变量

### 一、社会关系网络选取与数据

本部分沿用第五章所选用的创新用户社会网络，即以创新用户之间是否存在"追随"关系构建创新用户社会网络。同时，沿用第五章所获取的用户特征数据和创意特征数据。

值得注意的是，本部分研究以社会网络中互惠边/双向边（Reciprocal Edge）来表示创新用户之间建立的社会关系。因为在乐高开放式创新平台中，一名用户追随另一名用户，并不需要另一名用户的授权，仅仅单向的"追随"并不能代表创新用户之间发生了真正意义的创新交流。用户节点所拥有的互惠边代表用户之间的互相"追随"，即两用户之间建立起双向的交互联系，这种"追随"交互联系相当于朋友关系的建立，意味着真正意义社会联系的建立。因此，本章研究选取用户节点的互惠边代表其在开放式创新平台中建立的稳定的社会网络关系。

若用户 A "追随"了用户 B（或 B 发布的创意），并且用户 B 也追随了用户 A（或 A 发布的创意），则存在用户节点 A 与 B 之间的一条互惠边，节点所拥有互惠边总数即该用户所拥有的社会关系总数。通过将有向的社会关系网络转化为无向网络再进行分析①，得到有互惠边的节点共 634 个，没有互惠边的节点（没有与其他用户建立相互"追随"关系）共 1409 个。对拥有互惠边的节点进行社会网络分析（计算节点度），得到这些用户拥有社会网络关系数，如图 6-1 所示。其中，仅对有边的用户节点而言，平均每个用户拥有约 9 个社会网络关系。

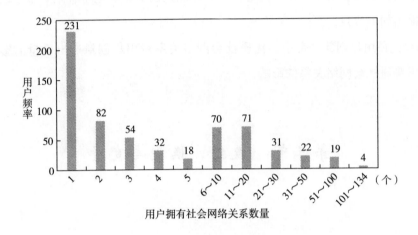

图 6-1　样本用户拥有社会网络关系数

## 二、模型设定

本章综合考察社会网络关系的数量和质量属性对用户创新质量的影响。以用户在乐高平台发布的每个创意项目作为样本点，以创意项目质量衡量被解释变量用户创新质量。由于同一用户可能会发布多个创意项目，因此需要考虑同用户样本间扰动项自相关的问题，于是建立混合回归模型［见式（6-1）］，并采用聚合在用户层面的稳健性标准误进行估计。

$$Y_{ij}=\beta_0+\beta_1 socialties_i+\beta_2 quality_i+\beta_3 Cuser_i+\beta_4 Cproject_{ij}+\varepsilon_{ij} \tag{6-1}$$

式（6-1）中，$Y_{ij}$ 是第 $i$ 个用户所发布第 $j$ 个创意项目的质量，$socialties_i$ 代

---

① 该操作通过社会网络分析软件 Pajek 进行。具体步骤为：首先，将有向社会网络图中的互惠边转化为无向边，边的权重为两节点间的互惠边个数；其次，去掉有向社会网络图中剩下的有向孤，得到一个无向简单图。该无向简单图中的边即代表有向社会网络图中的互惠边，无向简单图中的节点度即代表用户拥有社会网络关系数。

表第 $i$ 个用户的社会关系数量，$quality_i$ 代表第 $i$ 个用户拥有社会关系的整体质量水平。同时，控制用户层面和创意项目层面的特征差异，$Cuser_i$ 是用户层面控制变量，代表第 $i$ 个用户的用户特征，$Cproject_{ij}$ 是创意项目层面控制变量，代表第 $i$ 个用户所发布第 $j$ 个创意项目的项目特征。

按照质量属性进一步将用户的社会网络关系区分为优质社会关系和普通社会关系，分别考察不同质量社会网络关系的不同创新效应，建立回归模型如下：

$$Y_{ij}=\beta_0+\beta_1 superiorties_i+\beta_3 Cuser_i+\beta_4 Cproject_{ij}+\varepsilon_{ij} \tag{6-2}$$

$$Y_{ij}=\beta_0+\beta_1 commonties_i+\beta_3 Cuser_i+\beta_4 Cproject_{ij}+\varepsilon_{ij} \tag{6-3}$$

其中，$superiorties_i$ 和 $commonties_i$ 分别代表第 $i$ 个用户建立的优质社会关系数和普通社会关系数。

此外，通过前文对乐高开放式创新平台的介绍可知，为了从众多创意项目中筛选出优质创意，乐高公司制定了多阶段筛选机制，未在规定时间内达到相应支持者数目的项目将会被淘汰。乐高公司共设置了四个淘汰时间点，分别为创意发布后的第 60 天、第 425 天、第 607 天和第 790 天。由此可知，越优秀的创意越不容易被淘汰，在平台中的存活时间也就越长。筛选机制使淘汰项目在下一阶段的创新支持数被截断，因此，可采用生存分析模型来分析优质社会关系和普通社会关系对创意项目淘汰风险的异质影响。具体设定风险方程如下：

$$\lambda(t)=\lambda_0(t)e^{\beta X} \tag{6-4}$$

其中，$\lambda(t)$ 是用户创意项目的存活时间超过时刻 $t$ 的概率；$\lambda_0(t)$ 是"基准风险"（Baseline Hazard），依赖于时间 $t$，对于每个创意项目个体都相同；而创意项目个体的风险函数则依据 $e^{\beta X}$ 与此基准风险 $\lambda_0(t)$ 成正比，$X$ 包括前面模型中的主要解释变量和控制变量。令基准风险 $\lambda_0(t)=pt^{p-1}e^{\alpha}$（$p>0$，$\alpha$ 为待估参数），则为"威布尔回归"；令基准风险 $\lambda_0(t)=e^{\alpha+\gamma t}$（$\alpha$，$\gamma$ 为待估参数），则为"冈铂茨回归"。

### 三、变量选取

#### （一）被解释变量

在乐高开放式创新平台中，越优秀的创意越容易获得更多用户的支持，有前人研究以用户所贡献的知识在平台中获得的支持投票数作为衡量知识质量的指标 (Sutanto and Jiang, 2013; Jabr et al., 2014), 因此本章选取创意所获"支持"数 (*Supporters*) 来衡量创意项目质量。图 6-2 展示了用户创意项目获"支持"数的基本情况, 大多数创意项目 (75.5%) 少于 100 人支持, 一部分创意项目 (21.0%) 获得 100~1000 人支持, 只有少量创意项目 (3.5%) 获得 100~10000 人支持。由于创意所获"支持"数为非负整数, 适用于计数回归模型, 因此估计时采用了泊松 (Poisson) 估计。

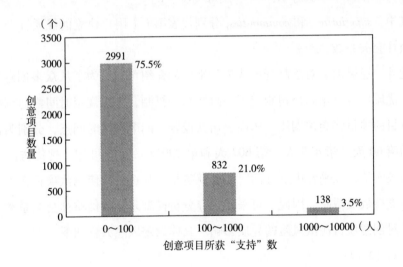

**图 6-2  创意项目"支持"数的描述性统计**

(二) 主要解释变量

在界定社会网络关系质量前, 需要界定用户创新水平, 即识别平台中的"创新精英"。在乐高开放式创新平台中, 将"创新精英"界定为拥有达到 1000 人支持数的创意项目的创新用户, 他们都是平台中非常优秀的创新者, 占所有创新用户的比例较小, 总样本 2043 位创新用户中共有 134 名"创新精英"。

因此, 与"创新精英"建立的社会网络关系即为优质社会网络关系 (*superiorties*), 与普通创新用户建立的社会网络关系即为普通社会网络关系 (*commonties*)。同时, 以用户的优质社会网络关系数占社会网络关系总数的比例来衡量用户社会网络关系的整体质量水平（*quality*）①。其中，用户建立的社会网络关系总数由用户社会网络中的互惠边个数衡量；优质社会网络关系数利用 Python 的 NetworkX 进行编程得到，相关程序代码见附录 4；普通社会网络关系通过计算社会网络关系与优质社会网络关系数的差值得到。

（三）控制变量

分别从创新用户特征和创意项目特征两方面进行选取。创新用户特征方面，一方面以"用户发布创意项目总数"（*contributions*）和"是否为创新精英"（*eliteuser*）衡量用户的创新经验和创新水平差异（Yang and Li，2016）；另一方面考虑用户的行为差异，即个体在创新过程中表现出的某些特定的、差异性的行为，如求助和助人行为、知识隐藏行为和寻求反馈行为等，这些行为会对个体创新产出产生潜在的积极或消极影响（Mueller and Kamdar，2011；Černe et al.，2014），选取用户获"社交家"勋章个数（*socializer*）衡量用户的社交行为；同时还考虑了用户资历差异，以"用户加入乐高平台的年龄"（*user_age*）来衡量（Li et al.，2016）。

同时，不同的创意项目特征也会影响创新产出，本章选取了"用户创意项目所包含图片数"（*imgaes*）、"用户创意项目的浏览量"（*looks*）、"用户创意项目在平台展示的天数"（*project_age*）三个变量控制创意项目差异（Yang and Li，2016）。

本章变量选取及内涵描述如表 6-1 所示。

表 6-1　变量选取及内涵描述

| 项目 | 测量变量 | 内涵描述 |
|---|---|---|
| 被解释变量 | | |
| 创新产出质量 | *supporters* | 用户创意项目获支持数 |
| 主要解释变量 | | |
| 用户社会网络关系总数 | *socialties* | 有相互"追随"关系的用户总数 |

① 由于很多用户的社会网络关系数为 0，因此采取分母加 1 的方法构造所有用户的社会网络关系质量水平指标，*quality*=*superiorties*/（*socialties*+1）。

续表

| 项目 | 测量变量 | 内涵描述 |
|---|---|---|
| 优质社会关系数 | *superiorties* | 有相互"追随"关系的"创新精英"数 |
| 普通社会关系数 | *commonties* | 有相互"追随"关系的普通用户数 |
| 用户社会网络关系质量水平 | *quality* | 优质社会关系数与总关系数之比 |
| 控制变量 | | |
| 创新用户特征 | *contributions* | 用户发布创意项目总数 |
| | *eliteuser* | 用户为"创新精英"=1；用户为普通用户则=0 |
| | *socializer* | 用户在乐高平台获"社交家"勋章个数 |
| | *user_age* | 用户加入乐高平台的年龄（单位：月） |
| 创意项目特征 | *images* | 用户创意项目包含图片数 |
| | *lnlooks* | 用户创意项目的浏览量/1000 |
| | *idea_age* | 用户创意项目在平台集赞天数 |

## 四、变量描述性统计

表6-2给出了变量描述性统计，其中，每个项目所获"支持"数最高为10000人，最低为1人，平均每人项目获201人支持，具体描述统计如图6-2所示，大部分项目所获"支持"数不超过100人。同时，用户最小平台年龄为1个月，最大平台年龄为75个月，平均年龄为18.375个月，说明平台创新活跃用户中，既包括刚加入平台的新用户，也包括加入平台几年之后的老用户。

### 表6-2 变量描述性统计

| 测量变量 | 样本量 | 均值 | 标准误 | 最小值 | 最大值 |
|---|---|---|---|---|---|
| *supporters* | 3961 | 201.481 | 738.835 | 1 | 10000 |
| *socialties* | 3961 | 6.168 | 14.822 | 0 | 134 |
| *superiorties* | 3961 | 0.891 | 2.156 | 0 | 19 |
| *commonties* | 3961 | 6.031 | 13.930 | 0 | 122 |
| *quality* | 3961 | 0.057 | 0.128 | 0 | 0.750 |
| *contributions* | 3961 | 10.677 | 17.620 | 1 | 140 |
| *eliteuser* | 3961 | 0.083 | 0.276 | 0 | 1 |

续表

| 测量变量 | 样本量 | 均值 | 标准误 | 最小值 | 最大值 |
|---|---|---|---|---|---|
| *socializer* | 3961 | 2.962 | 13.251 | 0 | 169 |
| *user_age* | 3961 | 18.375 | 15.350 | 1 | 75 |
| *images* | 3961 | 8.991 | 6.773 | 1 | 91 |
| *looks* | 3961 | 3.125 | 20.801 | 0.003 | 1000 |
| *idea_age* | 3961 | 125.761 | 122.987 | 1 | 497 |

# 第四节 实证结果与分析

## 一、社会网络关系对用户创新质量的影响

表6-3是用户社会网络关系对用户创新产出质量影响的初步回归结果。回归（1）只以社会网络关系数量（*socialties*）作为主要解释变量，发现其正向影响用户创新产出，这与 Wasko 和 Faraj（2005）、Yang 和 Li（2016）的研究一致。但在回归中加入社会网络关系质量水平（*quality*）之后，回归（2）显示，用户社会网络关系数量对用户创新产出的影响变得不显著，影响系数也下降了20%，而用户社会网络关系质量则正向显著影响用户创新产出的质量，并且显著性非常高。这说明，用户社会网络关系的质量属性对用户创新质量具有显著正向影响，而且与社会网络关系的总数量相比，关系质量更具有关键影响作用，假设 H1 得证。

表6-3 社会网络关系对创意质量的影响

| 变量 | 全样本 | | 剔除前5天内发布的样本 | |
|---|---|---|---|---|
| | （1） | （2） | （1） | （2） |
| *socialties* | 0.005* | 0.004 | 0.005* | 0.004 |
| | (0.003) | (0.003) | (0.003) | (0.003) |

续表

| 变量 | 全样本 | | 剔除前5天内发布的样本 | |
|---|---|---|---|---|
| | （1） | （2） | （1） | （2） |
| *quality* | | 0.847*** | | 0.924*** |
| | | (0.310) | | (0.317) |
| *contributions* | -0.017*** | -0.017*** | -0.016*** | -0.016*** |
| | (0.004) | (0.004) | (0.004) | (0.004) |
| *eliteuser* | 1.818*** | 1.742*** | 1.777*** | 1.692*** |
| | (0.147) | (0.143) | (0.147) | (0.140) |
| *socializer* | 0.001 | 0.002 | 0.001 | 0.003 |
| | (0.005) | (0.005) | (0.005) | (0.005) |
| *user_age* | 0.007* | 0.006* | 0.007* | 0.007* |
| | (0.004) | (0.004) | (0.004) | (0.004) |
| *images* | 0.011*** | 0.013*** | 0.011*** | 0.013*** |
| | (0.004) | (0.004) | (0.004) | (0.004) |
| *looks* | 0.005*** | 0.005*** | 0.005*** | 0.005*** |
| | (0.001) | (0.001) | (0.001) | (0.001) |
| *idea_age* | 0.004*** | 0.004*** | 0.004*** | 0.004*** |
| | (0.000) | (0.000) | (0.000) | (0.000) |
| Constant | 3.780*** | 3.736*** | 3.800*** | 3.741*** |
| | (0.117) | (0.115) | (0.125) | (0.120) |
| 观测次数 | 3961 | 3961 | 3409 | 3409 |
| 样本量 | 2043 | 2043 | 1545 | 1545 |

注：\*\*\*表示1%水平显著，\*\*表示5%水平显著，\*表示10%水平显著，括号内为聚类在用户层面的稳健标准误。

　　同时，由于知识的交换和吸收需要花费一定时间，从社会网络关系的建立到社会关系激发用户产生出了更高质量的创意并非瞬间完成。因此，可以判断用户注册平台几天内发布的创意更多是基于自身创新知识而产生的，并非由社会关系而激发的。于是，剔除用户注册平台前5天内发布的创意项目后重新回归，进行稳健性检验，得到回归结果与全样本的回归结果一致。

　　除了采用混合回归估计模型，还对模型（6-1）进行随机效应模型估计，结果如表6-4所示。结果显示,不管是全样本还是稳健性检验样本,仅考虑社会关系数量对创意质量的影响时,社会关系数量的系数正向微弱显著;将社会关系数量和质量均纳入回归时,社会关系数量系数变得不显著,社会关系质量系数显著为正(3星显著)。该结果与表6-3中的结果一致,表明模型(6-1)的稳健性。

表6-4 社会网络关系对创意质量的影响(随机效应模型估计法)

| 变量 | 全样本 | | 剔除前5天内发布的样本 | |
|---|---|---|---|---|
| | (1) | (2) | (1) | (2) |
| *socialties* | 1.797* | 1.495 | 1.802* | 1.469 |
| | (0.951) | (0.970) | (0.986) | (1.005) |
| *quality* | | 166.928*** | | 191.360*** |
| | | (54.587) | | (55.553) |
| *contributions* | −2.598*** | −2.648*** | −2.566*** | −2.614*** |
| | (0.842) | (0.849) | (0.851) | (0.857) |
| *eliteuser* | 571.706*** | 560.184*** | 554.475*** | 540.843*** |
| | (97.936) | (95.195) | (92.888) | (89.623) |
| *socializer* | 0.793 | 0.947 | 0.825 | 0.992 |
| | (1.005) | (1.003) | (0.978) | (0.974) |
| *user_age* | 0.921*** | 0.853** | 1.025** | 0.966** |
| | (0.351) | (0.373) | (0.405) | (0.441) |
| *images* | 1.753*** | 1.711*** | 1.855*** | 1.799*** |
| | (0.355) | (0.359) | (0.344) | (0.345) |
| *looks* | 19.660** | 19.655** | 18.970*** | 18.967*** |
| | (7.802) | (7.800) | (7.333) | (7.330) |
| *idea_age* | 0.980*** | 0.961*** | 1.048*** | 1.026*** |
| | (0.260) | (0.254) | (0.247) | (0.242) |
| Constant | −39.230*** | −42.646*** | −46.217*** | −50.816*** |
| | (12.360) | (13.227) | (9.893) | (10.429) |
| 观测次数 | 3961 | 3961 | 3409 | 3409 |
| 样本量 | 2043 | 2043 | 1545 | 1545 |

注:***表示1%水平显著,**表示5%水平显著,*表示10%水平显著,括号内为聚类在用户层面的稳健标准误。

### 二、优质社会关系和普通社会关系的异质影响作用

进一步将用户的社会网络关系按照质量水平区分为优质社会关系和普通社会关系，实证其对用户创新产出质量的异质影响，结果如表6-5所示。回归（1）将优质社会关系和普通社会关系同时纳入回归方程，结果显示优质社会关系数正向显著影响用户创新质量，而普通社会关系数没有影响。

考虑到优质社会关系数和普通社会关系数之间存在较高相关性（$r = 0.810$，$P < 0.01$），放在同一个回归模型中可能会导致系数估计的不一致。于是分别将优质社会关系和普通社会关系纳入回归方程，得到回归（2）和回归（3）。结果显示，优质社会关系数正向显著影响用户创新质量，而普通社会关系数的系数并不显著，该结果与回归（1）的结果仍然一致，对回归系数的估计比回归（1）更准确。通过查看回归（2）、回归（3）的边际效应，1个优质社会关系可以使用户创意平均增加10人支持，而1个普通社会关系仅可以提高约1人支持。这说明优质社会关系对提高用户创新质量具有显著作用，而普通社会网络关系的作用并不显著，而且效果远比优质社会关系差很多，假设H2得证。

表6-5　优质社会关系和普通社会关系对用户创新产出质量的异质影响

| 变量 | （1） | | （2） | | （3） | |
|---|---|---|---|---|---|---|
| | 系数 | 边际效应 | 系数 | 边际效应 | 系数 | 边际效应 |
| *superiorties* | 0.071** | 15.175** | 0.048*** | 10.221*** | | |
| | (0.028) | (6.119) | (0.014) | (3.215) | | |
| *commonties* | −0.006 | −1.245 | | | 0.005 | 1.170 |
| | (0.006) | (1.367) | | | (0.004) | (0.877) |
| *contributions* | −0.016*** | −3.346*** | −0.016*** | −3.375*** | −0.016*** | −3.523*** |
| | (0.003) | (0.819) | (0.003) | (0.794) | (0.004) | (0.866) |
| *eliteuser* | 1.716*** | 368.888*** | 1.741*** | 374.260*** | 1.781*** | 382.732*** |
| | (0.148) | (44.167) | (0.146) | (44.196) | (0.148) | (45.470) |
| *socializer* | 0.002 | 0.390 | 0.001 | 0.125 | 0.002 | 0.330 |
| | (0.005) | (0.971) | (0.004) | (0.882) | (0.005) | (1.045) |

续表

| 变量 | （1） | | （2） | | （3） | |
|---|---|---|---|---|---|---|
| | 系数 | 边际效应 | 系数 | 边际效应 | 系数 | 边际效应 |
| *user_age* | 0.008 ** | 1.714 ** | 0.008 ** | 1.638 * | 0.007 * | 1.443 * |
| | （0.004） | （0.843） | （0.004） | （0.851） | （0.004） | （0.848） |
| *images* | 0.012 *** | 2.573 *** | 0.011 *** | 2.413 *** | 0.011 *** | 2.263 *** |
| | （0.004） | （0.834） | （0.004） | （0.826） | （0.004） | （0.809） |
| *looks* | 0.005 *** | 1.028 *** | 0.005 *** | 1.029 *** | 0.005 *** | 1.020 *** |
| | （0.001） | （0.167） | （0.001） | （0.167） | （0.001） | （0.167） |
| *idea_age* | 0.004 *** | 0.884 *** | 0.004 *** | 0.890 *** | 0.004 *** | 0.908 *** |
| | （0.000） | （0.082） | （0.000） | （0.082） | （0.000） | （0.080） |
| Constant | 3.778 *** | | 3.779 *** | | 3.805 *** | |
| | （0.121） | | （0.122） | | （0.125） | |
| 观测次数 | 3409 | | 3409 | | 3409 | |
| 样本量 | 1545 | | 1545 | | 1545 | |

注：*** 表示 1% 水平显著，** 表示 5% 水平显著，* 表示 10% 水平显著，括号内为聚类在用户层面的稳健标准误。

### 三、社会网络关系对用户创意项目淘汰风险的影响

通过前文对乐高开放式创新平台的介绍可知，越优秀的创意越不容易被淘汰，在平台中的存活时间也就越长。乐高开放式创新平台的淘汰机制保证了我们可以使用生存分析技术来考察用户社会网络对创意项目淘汰风险的影响。本章后来又针对样本创意项目中未被淘汰的创意项目进行了二次数据爬取，以获取这些创意项目在平台中更准确的存活时间。

采用生存函数来描述创意项目被淘汰风险的变化趋势，如图 6-3 所示。由于样本创意项目发布时间均为 2017 年，因此截至 2018 年 5 月（第二次数据收集时间）均尚未达到第三、第四个淘汰时间点，只能看到第一、第二个淘汰时间点的淘汰概率。

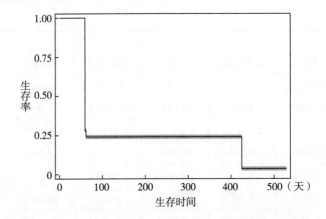

图 6-3　创意项目被淘汰风险的 Kaplan-Meier 生存曲线

接下来采用生存分析模型，进一步分析优质社会关系和普通社会关系对用户创意项目被淘汰风险的异质影响。由表 6-6 可知，无论是威布尔回归还是冈铂茨回归，*superiorties* 的系数均负向显著，说明用户拥有的优质社会关系数会显著减少创意项目被淘汰的概率，这表明用户拥有的优质社会关系越多其发布项目越不容易被淘汰，代表创意项目的质量越高。同时，无论是将优质社会关系和普通社会关系放在同一回归中，还是分别进行回归，*commonties* 的系数均不显著，说明用户拥有的普通社会关系数与创意项目被淘汰风险之间并没有显著影响关系，表明普通社会关系数对用户创意质量并没有影响。生存分析的结果进一步证实了用户社会网络关系质量属性对用户创新质量的重要性。

表 6-6　用户社会网络关系对创意项目淘汰风险的影响（生存分析模型）

| 变量 | 威布尔回归 | | | 冈铂茨回归 | | |
|---|---|---|---|---|---|---|
| | （1） | （2） | （3） | （1） | （2） | （3） |
| *superiorties* | −0.065** | −0.036* | | −0.048** | −0.026* | |
| | (0.032) | (0.021) | | (0.023) | (0.016) | |
| *commonties* | 0.006 | | −0.003 | 0.004 | | −0.002 |
| | (0.004) | | (0.003) | (0.003) | | (0.002) |
| *contributions* | 0.003 | 0.003 | 0.003 | 0.003 | 0.003 | 0.003 |
| | (0.004) | (0.004) | (0.004) | (0.003) | (0.003) | (0.003) |

续表

| 变量 | 威布尔回归 | | | 冈铂茨回归 | | |
|---|---|---|---|---|---|---|
| | （1） | （2） | （3） | （1） | （2） | （3） |
| *eliteuser* | −0.621*** | −0.623*** | −0.620*** | −0.537*** | −0.541*** | −0.542*** |
| | (0.131) | (0.134) | (0.134) | (0.114) | (0.117) | (0.118) |
| *socializer* | −0.001 | 0.001 | 0.001 | −0.001 | −0.000 | 0.000 |
| | (0.003) | (0.003) | (0.003) | (0.002) | (0.002) | (0.002) |
| *user_age* | −0.000** | −0.000** | −0.000** | −0.000** | −0.000** | −0.000** |
| | (0.000) | (0.000) | (0.000) | (0.000) | (0.000) | (0.000) |
| *images* | −0.006 | −0.006 | −0.007 | −0.006 | −0.006 | −0.007* |
| | (0.006) | (0.006) | (0.006) | (0.004) | (0.004) | (0.004) |
| *looks* | −0.901*** | −0.903*** | −0.906*** | −0.612*** | −0.613*** | −0.615*** |
| | (0.110) | (0.110) | (0.110) | (0.075) | (0.075) | (0.075) |
| Constant | −6.401*** | −6.388*** | −6.371*** | −4.096*** | −4.090*** | −4.087*** |
| | (0.222) | (0.219) | (0.212) | (0.067) | (0.068) | (0.069) |
| ln_p | 0.456*** | 0.456*** | 0.454*** | | | |
| | (0.050) | (0.050) | (0.049) | | | |
| gamma | | | | 0.002*** | 0.002*** | 0.002*** |
| | | | | (0.001) | (0.001) | (0.001) |
| 观测次数 | 5533 | | | 5533 | | |
| 样本量 | 3409 | | | 3409 | | |

注：***表示1%水平显著，**表示5%水平显著，*表示10%水平显著，括号内为聚类在用户层面的稳健标准误。

# 第五节 研究结论

针对学术界关于社会网络关系能否提高创新质量这一问题的争议，本章依旧以乐高开放式创新平台社会关系网络为具体研究情景，通过从数量和质量两个方面对社会网络关系进行深入、准确的测量，实证了社会网络关系对用户创新质量的影响，并揭示了影响机理。

以往研究往往多关注用户所拥有的社会网络关系数量，忽略了不同社会网络关系蕴含的创新知识和资源存在差异，即社会网络关系具有质量差异，是导致以往研究实证结论不一致的重要原因。本章从创新知识质量角度界定创新用户的社会关系质量，并基于交互用户的创新水平构建社会关系质量指标，为后续的社会网络与创新研究提供了理论指导。

被交互用户的创新水平越高，表明交互用户可通过社会关系获取到的创新知识和资源越有价值，即社会网络关系的质量也就越高。因此，以被交互用户的整体创新水平衡量用户所建立社会关系的整体质量水平，采用混合回归模型进行实证，实证结果表明，在控制了社会关系数量的基础上，社会关系整体质量水平越高，用户创新产出质量也就越高。基于随机效应模型的稳健性检验进一步验证了该结果。

同时，本章将用户的社会网络关系区分为优质社会关系和普通社会关系，验证了不同质量属性的社会关系对提高用户创新质量的异质作用，发现只有优质社会关系能提高用户创新产出质量，普通社会关系并不能。此外，还利用生存分析模型探讨了不同质量社会关系与用户创意被淘汰风险之间的关系，结果同样表明，只有优质社会关系能降低淘汰风险，普通社会关系并不能，这进一步佐证了用户社会网络关系质量属性的重要作用。

以上实证结论表明，用户社会网络关系的质量是提高创新质量的关键，该结论拓展了当前的用户创新理论。因此，当从创新质量角度来研究社会网络对用户创新的影响时，单单考虑社会网络关系数量的影响是不够的，关键还要看社会网络关系的质量水平。

## 第六节　本章小结

以往研究（包括本书第五章）多以用户创新产出数量衡量用户创新，对用户创新质量关注较少，并且对社会网络关系能否提高用户创新产出质量存在分歧。本章从创新质量角度，深入研究了社会网络关系对用户创新质量的影响及影响机理。本章从创新知识质量角度界定了创新用户的社会关系质量，并基于前文构建的开放式创新平台社会关系网络对其予以衡量，发现社会关系总体质量水平正向显著影响用户创意质量，这说明社会网络关系的质量属性是决定社会网络关系是否影响用户创新质量的关键。同时，本章还将用户的社会网络关系区分为优质社会关系和普通社会关系，深入讨论了两种不同质量的社会关系在提高用户创新质量、降低创意被淘汰率方面的异质作用，揭示了社会网络关系影响用户创新质量的具体机理。

因此，当研究社会网络对用户创新的影响时，除了从结构维度和关系维度两方面衡量社会关系网络，有必要进一步从质量维度对社会关系进行衡量，探究社会网络关系对用户创新质量的影响，该章研究完善了社会网络对创新影响的理论。

# 第七章　研究结论与展望

## 第一节　主要研究工作

本书基于社会资本理论，深入探讨开放式创新平台的用户社会关系网络如何影响用户创新。本书选取乐高的 LEGO Ideas 为开放式创新平台的代表，通过抓取平台公开的用户交互数据，构建开放式创新平台社会关系网络，综合利用社会网络分析和多种回归实证模型，系统阐述了社会关系网络对用户创新的影响机理。主要工作总结如下：

第一，开放式创新平台的用户互惠研究。用户互惠是用户交互产生社会资本的前提，本书以用户之间的相互认可（"支持"用户创意）作为用户互惠的主要内容，通过建立多种回归模型对用户互惠的效果、用户声誉对互惠的影响、用户互惠的作用范围三方面进行研究。

实证分析发现，开放式创新平台中存在普遍的用户互惠行为，即创新用户可以利用人与人之间的互惠偏好，通过主动"支持"其他创新用户的创意项目，从而促使其他创新用户回馈给自己"支持"。同时，创新用户互惠通过声誉机制对互惠效果产生影响，施惠的用户声誉越好就会赢得越多的利益回报。但是，用户互惠只在用户范围内有效，并不能获得企业方的认可和采纳。此外，本书还基于创新用户的"支持"关系网络计算用户互惠度,与实证结果进行对比,佐证了用户互惠的实证发现。

第二,开放式创新平台社会网络对用户创新数量的影响。基于社会资本理论,分别从社会资本的结构维度和关系维度两个方面选取社会网络指标,通过构建社会网络与用户创新之间关系的回归模型,实证开放式创新平台社会网络如何影响用户创新。其中,结构维度方面,分别以节点中心度和结构洞约束系数衡量网络中心性和网络桥梁;关系维度方面,综合考虑创新用户之间的互动次数及亲密度构建了衡量关系强度的指标。

实证结果发现,网络中心性、网络桥梁位置、关系强度均正向影响用户创新产出数量,此结论证实了创新用户纯粹基于互联网的交互联系同样饱含社会资本,能够为用户创造社会资本,有助于用户产出更多创新成果。此外,还发现了用户关系强度的调节作用,即关系强度会正向调节用户的桥梁作用对用户创新的影响,高关系强度会深化桥梁位置异质创新知识资源的交换,使桥梁位置发挥出更大的创新效用。

第三,开放式创新平台社会网络对用户创新质量的影响。针对学术界关于社会网络关系能否提高用户创新质量这一问题的争议,实证社会网络关系是否影响用户创新产出质量,并揭示其影响机理。本书从创新知识质量角度提出创新用户社会关系质量这一新变量,并对其进行测量,深入探究社会网络质量对提高用户创新产出质量的作用,从而找到争议原因。同时,实证了社会关系网络对用户创新质量的影响,并揭示其影响机理。

研究发现,用户所拥有的社会关系质量是提高用户创新质量的关键,社会关系的质量水平越高,表明用户通过社会网络可获取到的创新知识和资源越有价值,能为用户带来的创新收益也就越多,越有利于用户提高创新产出质量。同时,还深入讨论了优质社会关系和普通社会关系在提高用户创新质量、降低创意被淘汰率方面的异质性作用,只有优质社会关系才有显著作用,普通社会关系的作用并不显著,阐明了社会关系影响用户创新质量的具体机理。

## 第二节　主要研究结论

综合以上主要研究工作和实证结果，本书结合开放式创新平台用户创新的特性，通过明晰创新用户社会资本的差异来源，揭示了开放式创新平台社会关系网络对用户创新的影响机理，如图 7-1 所示。

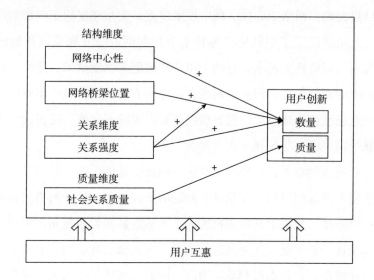

**图 7-1　开放式创新平台用户社会关系网络对用户创新的影响机理**

首先，开放式创新平台中存在普遍的用户互惠。这表明，在线创新用户之间也会发生如线下人际交往中的互惠，这种互惠是开放式创新平台中社会关系网络能产生社会资本的前提。其次，开放式创新平台社会网络分别从结构维度、关系维度、质量维度三个维度对用户创新产出产生影响，下面将分别从这三个维度总结开放式创新平台社会关系网络对用户创新的影响。

### 一、结构维度社会关系网络指标与用户创新

创新用户在开放式创新平台社会网络中的地位结构和网络结构位置依然会影

响用户对社会资本的获取，进而影响用户创新产出，但同时具有与现实世界社会网络所不同的自身特征。

（1）网络中心地位创造权利，有利于促进用户创新，而不再是现实中的等级地位。在现实世界中，金字塔形等级制体系使得个体所处等级地位决定了个体周边社会资本的优劣程度，由于好的社会资本往往处于等级制金字塔的上端，因此个人所在的等级地位越高越可能获取和使用好的社会资本。在互联网世界中，人与人之间的关系是平等的，互联网的开放性和共享性使得现实世界中处在不同社会等级的人在互联网中可以轻松建立起联系，并没有如现实世界中的等级地位。现实世界中地位获得权利的规则，在互联网中被网络中心地位获得权利的规则所替代。在开放式创新平台中，具有高创新性和高活跃度的用户会赢得平台中更多用户的关注和互惠，从而将高创新性和高活跃度的用户置于网络中心。中心地位可为用户提供更多可获取和可调用的潜在资源，有助于用户的创新产出。

（2）桥梁位置依然会带来优质社会资本，有利于促进用户创新。虽然互联网的开放性、共享性赋予了用户的平等性，但网络中所承载的海量信息是个人永远无法完全获取到的，鉴于个人有限的时间精力，以及人在对互联网信息价值做判断时的有限理性，使得每个用户真正接触和获取到的信息存在局限性，所建立的线上交互联系也有限。这就决定了网络中依然存在着优势战略位置，即桥梁位置，处于桥梁位置的个体能在有限时间精力内获取到网络中高价值的信息，说明网络中的桥梁位置依然具有获取信息和控制信息的相对优势，有利于优质社会资本的获取。

**二、关系维度社会关系网络指标与用户创新**

社会资本理论代表者之一林南认为，"强关系"会加强人与人之间的情感交流，而"弱联系"会加强彼此间的信息交流和传递，具有桥梁作用。开放式创新平台社会关系网络中关系强度的作用与林南的理论假设存在较大出入，这是由互联网社会资本和创新用户在线交互的特点所决定的。

（1）创新用户之间的关系强度越高，越有利于优质社会资本的获取，促进用户创新。在开放式创新平台中，用户的交互活动基本都是围绕用户创意展开的，不管用户之间的关系强或弱，只要存在交互就意味着知识和资源的交换，因此用户交互的内容并不会随着关系强度发生变化。关系强度越高，说明用户间交换信息的次数越多、越深入，越有利于用户通过交互获取更多有用的创新知识和资源，因此关系强度越强越有利于用户产出更多创意。

（2）创新用户之间的关系强度调节桥梁位置对用户创新的影响。创新知识具有复杂性，用户多次、深入的交流有利于复杂知识的传递。对处于同等桥梁位置的创新用户来说，用户与其他用户的交互越多、越深入，就越能更准确全面地理解、获取和吸收来自不同创新知识圈的异质性创新知识，有利于提高用户创新。

### 三、质量维度社会关系网络指标与用户创新

针对创新用户这一研究客体，除了从结构维度和关系维度两方面来研究社会网络对用户创新的影响，还需要从质量维度对社会关系进行衡量。

开放式创新平台社会关系的质量是提高用户创新质量的关键。以往研究多关注社会网络关系数量对用户创新的影响，并没有关注不同社会网络关系存在质量差异，即关系中所蕴含资源是否为有价值的创新资源。互联网的开放性使得现实世界中处在不同社会等级的人在互联网中可以轻松建立起联系，但并非拥有社会网络关系越多的用户就越能产出优秀的创新成果。按照所建立社会关系用户的创新水平高低（即关系中所蕴含创新知识和资源的价值高低），可将社会网络关系划分为优质社会关系和普通社会关系，优质社会关系对提高用户创新质量有帮助，而普通社会关系对提高用户创新质量没有帮助。

该研究结论强调了优质互联网社会资本在提高用户创新中的重要作用，拓展了当前关于社会资本的认识。因此，除了从社会网络结构位置、社会关系强度两个维度来考虑社会资本的获取及对创新的影响，非常有必要将社会关系的质量维度纳入社会资本的考虑范畴，区分不同质量属性的社会关系对用户创新的不同影响。

<h1 style="text-align:center">第三节　管理启示</h1>

## 一、对开放式创新平台企业的启示

### （一）正确看待平台中的用户互惠行为

开放式创新平台企业方需要认识到，平台中存在普遍的用户互惠行为。用户互惠一方面可以促进创新用户之间的互动，以及用户对平台内高声誉的追求，使得平台可以保持比较高的创新用户活跃性和参与性；另一方面互惠是用户交互产生社会资本的基础，是用户通过在线交互提高用户创新产出的潜在保证。

但同时，开放式创新平台企业方也需要认识到，创新用户通过互惠会使自身创意达到与其创意价值不相符的高同行认可（如使创意项目获得更多支持），使得创意所获同行认可与用户真实偏好和需求之间存在一定偏差，这是企业方容易忽视的。因此，企业方便不能不假思索地直接把创意所得同行认可当作用户偏好和用户需求的真实反映，而是需要对创意进行审核，即时区分基于用户互惠的同行认可和基于创意本身价值的同行认可，采纳真正优质的创意。在这方面，开放式创新平台企业方可以借鉴乐高公司建立严谨的评审机制，并邀请企业内部专业人员担任评审成员，从专业角度对创意进行评审和把关，将用户互惠的效果限制在用户范围内，保证企业创意采纳的有效性。

### （二）通过平台设计促进创新用户基于创意开展交互

开放式创新平台中的用户交互可以促进用户产出更多创新成果。因此，平台方要主动设计用户的交互功能，一方面保证用户可以通过多种方式进行交互，另一方面保证用户交互是基于创意而进行的。例如，乐高开放式创新平台没有设置如一般社交平台针对个人与个人交互的私信或即时聊天功能，但用户可以对创意进行支持、追随、评论等各项操作，促进用户针对创意进行信息交流和知识交换。

同时，平台企业还可以通过机制设计提高用户之间的交流频次。创新知识具有复杂性、难以显性化的特点，创新用户之间的往复交互有利于用户之间形成一致的创新知识交流规范，有利于用户理解、吸收、转化来自他人的异质性创新知识。

（三）基于社会网络分析的核心用户识别和管理

创新用户通过在线交互形成了一个复杂的社会关系网络，处在网络中心位置和网络桥梁位置的用户具有产出更多创意的潜能，这些用户是平台中的核心创新者。平台企业可以通过社会网络分析法定期识别这些核心用户，针对这些用户进行特殊激励和管理（如主动发送官方感谢信表示企业对用户的认可、为其推荐最优交互用户），保持核心创新用户的持续创新动力，并帮助其将创新潜能发挥到最大。基于社会网络分析的核心用户识别和管理是平台企业可采取的一项重要的用户管理手段，可以让企业把有限的关注力和资源合理分配在核心用户身上，实现用户管理的价值最大化，提高平台创新绩效。

（四）鼓励优秀创新用户与其他用户进行交互

对开放式创新平台企业方而言，想要创新用户能产出更多优质创意，就需要促进平台中的优秀创新者与他人多建立社会网络关系。通过优秀创新者带动其他创新用户，从而提高整个平台的创意质量。

一方面，企业方可以在平台中积极宣传优秀创新者，并重点展示其创新产出，吸引众多创新用户与其建立联系，如乐高开放式创新平台会定期采访创意模型被乐高公司采纳的优秀创新用户，显示乐高公司对该用户的高度认可，并将详细采访内容发布在乐高创意平台中，吸引其他用户对优秀创新者的关注。另一方面，平台企业方也要通过设置一定奖励政策，主动激励优秀创新用户主动与不如自己优秀的用户建立社会联系。出于成本和收益考虑，在没有任何激励的情况下，优秀创新用户很难主动与不如自己优秀的用户进行交互和创新知识分享，这就需要平台方设置相应的激励措施，激励优秀创新者向其他创新用户分享创新经验，奖励建立社会网络关系较多的优秀创新者。

## 二、对创新用户的启示

（一）主动与其他创新用户进行交互

创新用户要想提高自身创新产出，一方面要积极主动与其他创新用户建立联系交流创新知识；另一方面要保持联系的紧密度，通过增加交流次数与其他用户进行深度交流，将他人创新知识转化为自身的创意产出。另外，创新用户尤其要增加交互联系的多样性，多与处于不同创新群体的用户建立联系，使自身处于连接网络中不同创新群体的桥梁战略位置，增加获取异质性创新知识的机会，异质性创新知识会更有利于激发用户的创新产出。

（二）注意区分优质社会关系和普通社会关系

对开放式创新平台创新用户而言，并不是建立越多社会关系越好。鉴于在线社会网络关系的低建立成本，很多创新用户都有建立越多社会关系能带来越多创新收益的想法，于是建立大量的在线社会关系。然而，在开放式创新平台中，简单追求关系数量的增长并不能真正帮助用户产生更优秀的创意，只有高质量社会关系才会有帮助。同时，过多的在线社会关系会花费用户过多的时间和精力去进行关系维护，减少用户花费在个人创新上的时间和精力。因此，在建立社会网络关系之前，创新用户要甄别对方的创新能力和创新水平，应尽量选择比自己优秀的创新者建立关系，这样才能更有利于提高自身创新水平。

# 第四节 研究局限和展望

## 一、研究局限

本书针对提出的研究问题，以社会资本理论为理论依据，以在线公开交互数据获取和开放式创新平台社会关系网络构建为实证支撑，运用多种回归实证模型，揭示了开放式创新平台社会关系网络对用户创新的影响机理。但仍存在一些不足和缺陷，主要体现在以下三个方面：

（1）本书仅选取了乐高的 LEGO Ideas 平台作为开放式创新平台的代表，样本选择较为单一，实证结果和研究结论的普适性尚待检验。后续需选取多家平台对本书结论进行验证和调整。

（2）本书的主要研究方法为计量经济实证分析法，其中研究变量的测量都是基于开放式创新平台的公开数据而构建测量指标的，虽然已经采用替代指标的方法对变量测量的稳健性进行了检验，但仍存在一定局限。条件允许的情况下，可结合问卷调查法对部分研究变量（如关系强度、用户创新质量）进行更全面的测量。

（3）本书所构建的社会网络为静态网络，尚未考虑社会网络的动态演化与用户创新之间的关系。构建动态社会网络一方面需要收集更长时间的动态数据，另一方面需要更高的社会网络分析技术，目前针对动态网络的分析软件和分析技术并不太成熟，仍需进一步完善。囿于时间和能力。

**二、未来展望**

针对本书中尚未探讨的社会网络动态演化问题，这将是后续的一个重要研究方向。今后可以继续考虑社会网络的动态演化与用户创新之间的关系，通过收集用户更长时间的动态交互数据构建用户关系的动态社会网络，描述用户社会联系的动态特征，以及持续跟踪用户的创新产出情况形成面板数据，探索社会网络的动态演化与用户创新之间的关系。目前，R 的 networkDynamic 扩展包已经可以实现动态社会网络的存储和特征描述，ndtv 扩展包可以实现动态网络的可视化，但目前仅限于小型网络。

此外，随着社交媒体和 Web 2.0 技术的发展，互联网承载了人们越来越多的社会活动，已经改变了很多人的生活、学习、工作等方式。人与人之间通过互联网进行的交互甚至已经超过了现实世界中的交互，利用社会网络来研究互联网交互对用户行为的影响将一直是个重要研究话题。互联网交互一方面存在社会性，另一方面也存在互联网的特殊性，这是研究中需要特别注意的。本书探讨了开放式创新平台的社会关系网络如何影响用户创新，这为后续研究在线用户交互联系如何影响用户行为提供了启发和参考。后续可以通过对不同类型互联网平台和各样本用户行为的研究，逐渐揭开互联网社会资本的面纱。

# 参考文献

［1］ Ahuja G. Collaboration Networks, Structural Holes, and Innovation: A Longitudinal Study ［J］. Administrative Science Quarterly, 2000, 45 (3): 425-455.

［2］ Akcigit U, et al. Dancing with the Stars: Innovation through Interactions ［R］. 2018.

［3］ Alegre J, Lapiedra R, Chiva R. A Measurement Scale for Product Innovation Performance ［J］. European Journal of Innovation Management, 2006, 9 (4): 333-346.

［4］ Alexander A T, Martin D P. Intermediaries for Open Innovation: A Competence-Based Comparison of Knowledge Transfer Offices Practices ［J］. Technological Forecasting & Social Change, 2013, 80 (1): 38-49.

［5］ Amabile T M. A Model of Creativity and Innovation in Organizations ［J］. Research in Organizational Behavior, 1988, 10 (1): 123-167.

［6］ Amar A D, Juneja J A. A Descriptive Model of Innovation and Creativity in Organizations: A Synthesis of Research and Practice ［J］. Knowledge Management Research & Practice, 2008, 6 (4): 298-311.

［7］ Arundel A, Kabla I. What Percentage of Innovations Are Patented? Empirical Estimates for European Firms ［J］. Research Policy, 1998, 27 (2): 127-141.

［8］ Axelrod R, Hamilton W D. The Evolution of Cooperation ［J］. Science, 1981, 211 (4489): 1390-1396.

[9] Baer M. The Strength-of-Weak-Ties Perspective on Creativity: A Comprehensive Examination and Extension [J]. Journal of Applied Psychology, 2010, 95 (3): 592-601.

[10] Baldus B J, Voorhees C, Calantone R. Online Brand Community Engagement: Scale Development and Validation [J]. Journal of Business Research, 2015, 68 (5): 978-985.

[11] Balka K, Raasch C, Herstatt C. The Effect of Selective Openness on Value Creation in User Innovation Communities [J]. Journal of Product Innovation Management, 2014, 31 (2): 392-407.

[12] Battistella C, Nonino F. Open Innovation Web-Based Platforms: The Impact of Different Forms of Motivation on Collaboration [J]. Innovation: Management, Policy & Practice, 2012a, 14 (4): 557-575.

[13] Battistella C, Nonino F. What Drives Collective Innovation? Exploring the System of Drivers for Motivations in Open Innovation, Web-Based Platforms [J]. Information Research, 2012b, 17 (1): 513-539.

[14] Baum J A C, Cowan R, Jonard N. Network-Independent Partner Selection and the Evolution of Innovation Networks [J]. Management Science, 2010, 56 (11): 2094-2110.

[15] Bayus B L. Crowdsourcing New Product Ideas over Time: An Analysis of the Dell Idea Storm Community [J]. Management Science, 2013, 59 (1): 226-244.

[16] Blohm I, Bretschneider U, Leimeister J M, et al. Does Collaboration among Participants Lead to Better Ideas in IT-Based Idea Competitions? An Empirical Investigation [J]. International Journal of Networking & Virtual Organisations, 2011, 9 (2): 106-122.

[17] Blohm I, Leimeister J M, Krcmar H. Managing Open-Innovation Communities: The Development of an Open-Innovation Community Scorecard [M] //M Garcia Martinez. Open Innovation in the Food and Beverage Industry. London: Woodhead Publishing, 2013.

[18] Bock G W, Zmud R W, Kim Y G, et al. Behavioral Intention Formation in Knowledge Sharing: Examining the Roles of Extrinsic Motivators, Social-Psychological Forces, and Organizational Climate [J]. MIS Quarterly, 2005, 29 (1): 87-111.

[19] Bourdieu P. Outline of a Theory of Practice [M]. Cambridge: Cambridge University Press, 1977.

[20] Bourdieu P. The Forms of Capital [M] //J G. Richardson. Handbook of Theory & Research of for the Sociology of Education. Westport, CT: Greenwood Press, 1986.

[21] Brabham D C. Moving the Crowd at Threadless [J]. Information, Communication & Society, 2010, 13 (8): 1122-1145.

[22] Brem A, Bilgram V. The Search for Innovative Partners in Co-Creation: Identifying Lead Users in Social Media through Netnography and Crowdsourcing [J]. Journal of Engineering and Technology Management, 2015 (37): 40-51.

[23] Bretschneider U, Leimeister J M, Mathiassen L. IT-Enabled Product Innovation: Customer Motivation for Participating in Virtual Idea Communities [J]. International Journal of Product Development, 2015, 20 (2): 126-141.

[24] Bullinger A C, Haller J, Moeslein K. Innovation Mobs-Unlocking the Innovation Potential of Virtual Communities [C]. San Francisco: AMCIS 2009 Proceedings, 2009.

[25] Burke M, Kraut R, Marlow C. Social Capital on Facebook: Differentiating Uses and Users [C]. Vancouver: Proceedings of the SIGCHI Conference on Human Factors in Computing Systems, 2011.

[26] Burke M, Marlow C, Lento T. Social Network Activity and Social Well-Being [C]. Atlanta: Proceedings of the 28th International Conference on Human Factors in Computing Systems, 2010.

[27] Burt R S. Brokerage and Closure: An Introduction to Social Capital [M]. London: Oxford University Press, 2005.

[28] Burt R S. Structural Holes and Good Ideas [J]. American Journal of Socia-

logy, 2004, 110 (2): 349-399.

[29] Burt R S. The Contingent Value of Social Capital [J]. Administrative Science Quarterly, 1997, 42 (2): 339-365.

[30] Burt R S. The Social Structure of Competition [J]. Economic Journal, 1992, 42 (22): 7060-7066.

[31] Buskens V. Social Networks and the Effect of Reputation on Cooperation [R]. 1998.

[32] Černe M, et al. What Goes around Comes around: Knowledge Hiding, Perceived Motivational Climate, and Creativity [J]. Academy of Management Journal, 2014, 57 (1): 172-192.

[33] Chan K W, Li S Y, Zhu J J. Fostering Customer Ideation in Crowdsourcing Community: The Role of Peer-to-Peer and Peer-to-Firm Interactions [J]. Journal of Interactive Marketing, 2015 (31): 42-62.

[34] Chan K W, Li S Y. Understanding Consumer-to-Consumer Interactions in Virtual Communities: The Salience of Reciprocity [J]. Journal of Business Research, 2010, 63 (9): 1033-1040.

[35] Charness G, Du N, Yang C L. Trust and Trustworthiness Reputations in an Investment Game [J]. Games & Economic Behavior, 2011, 72 (2): 361-375.

[36] Charness G, Haruvy E, Sonsino D. Social Distance and Reciprocity: An Internet Experiment [J]. Journal of Economic Behavior & Organization, 2007, 63 (1): 88-103.

[37] Chen C J, Hung S W. To Give or to Receive? Factors Influencing Members' Knowledge Sharing and Community Promotion in Professional Virtual Communities [J]. Information & Management, 2010, 47 (4): 226-236.

[38] Chen L, Marsden J R, Zhang Z. Theory and Analysis of Company-Sponsored Value Co-Creation [J]. Journal of Management Information Systems, 2012, 29 (2): 141-172.

[39] Chesbrough H, Brunswicker S. A Fad or a Phenomenon? The Adoption of

Open Innovation Practices in Large Firms [J]. Research – Technology Management, 2014, 57 (2): 16-25.

[40] Chesbrough H W. Open Innovation: The New Imperative for Creating and Profiting from Technology [M]. Boston: Harvard Business Press, 2003.

[41] Chiu C M, Hsu M H, Wang E T G. Understanding Knowledge Sharing in Virtual Communities: An Integration of Social Capital and Social Cognitive Theories [J]. Decision Support Systems, 2006, 42 (3): 1872-1888.

[42] Coleman J S. Foundations of Social Theory [M]. Cambridge, MA: Belknap Press of Harvard University Press, 1990.

[43] Coleman J S. Social Capital in the Creation of Human Capital [J]. The American Journal of Sociology, 1988 (94): 95-120.

[44] Collins C J, Clark K D. Strategic Human Resource Practices, Top Management Team Social Networks, and Firm Performance: The Role of Human Resource Practices in Creating Organizational Competitive Advantage [J]. The Academy of Management Journal, 2003, 46 (6): 740-751.

[45] Cooper R G, Kleinschmidt E J. Winning Businesses in Product Development: The Critical Success Factors [J]. Research Technology Management, 1996, 50 (4): 18-29.

[46] Cross R, Cummings J N. Tie and Network Correlates of Individual Performance in Knowledge – Intensive Work [J]. The Academy of Management Journal, 2004, 47 (6): 928-937.

[47] Delone W H, Mclean E R. Information Systems Success: The Quest for the Dependent Variable [J]. Information Systems Research, 1992, 3 (1): 60-95.

[48] Delone W H, Mclean E R. The DeLone and McLean Model of Information Systems Success: A Ten – Year Update [J]. Journal of Management Information Systems, 2003, 19 (4): 9-30.

[49] Di Gangi P M, Wasko M. Steal My Idea! Organizational Adoption of User Innovations from a User Innovation Community: A Case Study of Dell Idea Storm [J].

Decision Support Systems, 2009, 48 (1): 303-312.

[50] Donath J. Signals in Social Supernets [J]. Journal of Computer-Mediated Communication, 2007, 13 (1): 231-251.

[51] Dong J Q, Wu W. Business Value of Social Media Technologies: Evidence from Online User Innovation Communities [J]. The Journal of Strategic Information Systems, 2015, 24 (2): 113-127.

[52] Enkel E, Gassmann O, Chesbrough H. Open R&D and Open Innovation: Exploring the Phenomenon [J]. R&D Management, 2009, 39 (4): 311-316.

[53] Ellison N B, Steinfield C, Lampe C. Connection Strategies: Social Capital Implications of Facebook-Enabled Communication Practices [J]. New Media & Society, 2011, 13 (6): 873-892.

[54] Ellison N B, Vitak J, Gray R, et al. Cultivating Social Resources on Social Network Sites: Facebook Relationship Maintenance Behaviors and Their Role in Social Capital Processes [J]. Journal of Computer-Mediated Communication, 2014, 19 (4): 855-870.

[55] Ernst M, Brem A. Social Media for Identifying Lead Users? Insights into Lead Users' Social Media Habits [J]. International Journal of Innovation and Technology Management, 2017, 14 (4): 1-21.

[56] Fehr E, Gächter S. Fairness and Retaliation: The Economics of Reciprocity [J]. Journal of Economic Perspectives, 2000, 14 (3): 159-181.

[57] Fichter K. Innovation Communities: The Role of Networks of Promotors in Open Innovation [J]. R&D Management, 2009, 39 (4): 357-371.

[58] Forman C, Ghose A, Wiesenfeld B. Examining the Relationship between Reviews and Sales: The Role of Reviewer Identity Disclosure in Electronic Markets [J]. Information Systems Research, 2008, 19 (3): 291-313.

[59] Fowler J H, Christakis N A. Cooperative Behavior Cascades in Human Social Networks [J]. Proceedings of the National Academy of Sciences, 2010, 107 (12): 5334-5338.

［60］Franke N, Schirg F, Reinsberger K. The Frequency of End-User Innovation: A Re-Estimation of Extant Findings ［J］. Research Policy, 2016, 45 (8): 1684-1689.

［61］Frey K, Lüthje C, Haag S. Whom Should Firms Attract to Open Innovation Platforms? The Role of Knowledge Diversity and Motivation ［J］. Long Range Planning, 2011, 44 (5): 397-420.

［62］Gassmann O, Enkel E, Chesbrough H. The Future of Open Innovation ［J］. R&D Management, 2010, 40 (3): 213-221.

［63］Gharib R K, Philpott E, Duan Y. Factors Affecting Active Participation in B2B Online Communities: An Empirical Investigation ［J］. Information & Management, 2017, 54 (4): 516-530.

［64］Gaudeul A, Peroni C. Reciprocal Attention and Norm of Reciprocity in Blogging Networks ［J］. Jena Economic Research Papers, 2010, 30 (3): 2230-2248.

［65］Granovetter M S. The Strength of Weak Ties ［J］. American Journal of Sociology, 1973, 78 (6): 1360-1380.

［66］Granovetter M. Problems of Explanation in Economic Sociology ［M］ //N Nohria, R Eccles. Networks and Organizations: Structure, Form and Action. Boston: Harvard Business School Press, 1992.

［67］Grewal R, Lilien G L, Mallapragada G. Location, Location, Location: How Network Embeddedness Affects Project Success in Open Source Systems ［J］. Management Science, 2006, 52 (7): 1043-1056.

［68］Gunawardena C N. Social Presence Theory and Implications for Interaction and Collaborative Learning in Computer Conferences ［J］. International Journal of Educational Telecommunications, 1995, 1 (2/3): 147-166.

［69］Guo W, Liang R Y, Wang L, et al. Exploring Sustained Participation in Firm-Hosted Communities in China: The Effects of Social Capital and Active Degree ［J］. Behaviour & Information Technology, 2016, 36 (3): 223-242.

［70］Hallerstede S H. Managing the Lifecycle of Open Innovation Platforms

[M]. New York: Springer Science & Business Media, 2013.

[71] Haner U E. Innovation Quality—A Conceptual Framework [J]. International Journal of Production Economics, 2002, 80 (1): 31-37.

[72] Hassan L, Dias A, Hamari J. How Motivational Feedback Increases User's Benefits and Continued Use: A Study on Gamification, Quantified-Self and Social Networking [J]. International Journal of Information Management, 2019 (46): 151 - 162.

[73] Homans G C. Social Behavior: Its Elementary Forms [M]. New York: Harcourt, Brace & World, 1961.

[74] Hossain M, Islam K M Z. Ideation through Online Open Innovation Platform: Dell Ideastorm [J]. SSRN Electronic Journal, 2015, 6 (3): 611-624.

[75] Hossain M. Motivations, Challenges, and Opportunities of Successful Solvers on an Innovation Intermediary Platform [J]. Technological Forecasting & Social Change, 2017 (128): 67-73.

[76] Hutter K, Hautz J, Füller J, et al. Communitition: The Tension between Competition and Collaboration in Community - Based Design Contests [J]. Creativity and Innovation Management, 2011, 20 (1): 3-21.

[77] Hwang J, Kim S. Factors Affecting Successful Innovation by Content-Layer Firms in Korea [J]. Service Industries Journal, 2011, 31 (7): 1093-1107.

[78] Islam J U, Rahman Z. The Impact of Online Brand Community Characteristics on Customer Engagement: An Application of Stimulus-Organism-Response Paradigm [J]. Telematics & Informatics, 2017, 34 (4): 96-109.

[79] Jabr W, et al. Leveraging Philanthropic Behavior for Customer Support: The Case of User Support Forums [J]. MIS Quarterly, 2014, 38 (1): 187-208.

[80] Jeppesen L B, Laursen K. The Role of Lead Users in Knowledge Sharing [J]. Research Policy, 2009, 38 (10): 1582-1589.

[81] Jiang H, Fallah M H. Is Inventor Network Structure a Predictor of Cluster Evolution? [J]. Technological Forecasting & Social Change, 2009, 76 (1): 91-106.

［82］ Kane G C, et al. What's Different about Social Media Networks? A Frame-work and Research Agenda ［J］. MIS Quarterly, 2014, 38 (1): 275-304.

［83］ Katila R, Ahuja G. Something Old, Something New: A Longitudinal Study of Search Behavior and New Product Introduction ［J］. Academy of Management Journal, 2002, 45 (6): 1183-1194.

［84］ Kohn N W, Paulus P B, Choi Y H. Building on the Ideas of Others: An Examination of the Idea Combination Process ［J］. Journal of Experimental Social Psychology, 2011, 47 (3): 554-561.

［85］ Kosonen M, Gan C, Olander H, et al. My Idea Is Our Idea! Supporting User-Driven Innovation Activities in Crowdsourcing Communities ［J］. International Journal of Innovation Management, 2013, 17 (3): 179-1690.

［86］ Lee H H M, van Dolen W. Creative Participation: Collective Sentiment in Online Co-Creation Communities ［J］. Information & Management, 2015, 52 (8): 951-964.

［87］ Lee H, Suh Y. Who Creates Value in a User Innovation Community? A Case Study of My Starbucks Idea ［J］. Online Information Review, 2016, 40 (2): 170-186.

［88］ Levin D Z, Cross R. The Strength of Weak Ties You Can Trust: The Mediating Role of Trust in Effective Knowledge Transfer ［J］. Management Science, 2004, 50 (11): 1477-1490.

［89］ Levine S S, Prietula M J. Open Collaboration for Innovation: Principles and Performance ［J］. Organization Science, 2014, 25 (5): 1414-1433.

［90］ Liang Y, et al. The Impact of Power Boundary Management on the Design of Company-Initiated Open Innovation Platform ［C］. Taiwan: 20th Pacific Asia Conference on Information Systems 2016, 2016.

［91］ Liao H, Liu D, Loi R. Looking at Both Sides of the Social Exchange Coin: A Social Cognitive Perspective on the Joint Effects of Relationship Quality and Differentiation on Creativity ［J］. Academy of Management Journal, 2010, 53 (5):

1090-1109.

[92] Lilien G L, et al. Performance Assessment of the Lead User Idea-Generation Process for New Product Development [J]. Management Science, 2002, 48 (8): 1042-1059.

[93] Li M, Kankanhalli A, Kim S H. Which Ideas Are More Likely to Be Implemented in Online User Innovation Communities? An Empirical Analysis [J]. Decision Support Systems, 2016 (84): 28-40.

[94] Lin N, Dumin M. Access to Occupations through Social Ties [J]. Social Networks, 1986, 8 (4): 365-385.

[95] Lin N. A Network Theory of Social Capital [M] //D Castiglione, J W Van Deth, G Wolleb. The Handbook of Social Capital. Oxford: Oxford University Press, 2008.

[96] Lin N. Social Capital: A Theory of Social Structure and Action [M]. Cambridge: Cambridge University Press, 2002.

[97] Lin N. Social Resources and Social Actions [M]. Cambridge: Cambridge University Press, 1998.

[98] Lin N. Social Resources and Social Mobility: A Structural Theory of Status Attainment [M] //R L Breiger. Social Mobility and Social Structure. Cambridge: Cambridge University Press, 1990.

[99] Lin Z, Yang H, Arya B. Alliance Partners and Firm Performance: Resource Complementarity and Status Association [J]. Strategic Management Journal, 2009, 30 (9): 921-940.

[100] Luo Y, et al. Rational Inattention and the Dynamics of Consumption and Wealth in General Equilibrium [J]. Journal of Economic Theory, 2017 (172): 55-87.

[101] Mahr D, Lievens A. Virtual Lead User Communities: Drivers of Knowledge Creation for Innovation [J]. Research Policy, 2012, 41 (1): 167-177.

[102] Martinez-Torres R, Olmedilla M. Identification of Innovation Solvers in Open Innovation Communities Using Swarm Intelligence [J]. Technological Forecasting

and Social Change, 2016 (109): 15-24.

[103] McFadyen M A, Albert A, Cannella J. Social Capital and Knowledge Creation: Diminishing Returns of the Number and Strength of Exchange Relationships [J]. Academy of Management Journal, 2004, 47 (5): 735-746.

[104] Mueller J S, Kamdar D. Why Seeking Help from Teammates Is a Blessing and a Curse: A Theory of Help Seeking and Individual Creativity in Team Contexts [J]. Journal of Applied Psychology, 2011, 96 (2): 263-276.

[105] Nahapiet J, Ghoshal S. Social Capital, Intellectual Capital, and the Organizational Advantage [J]. Academy of Management Review, 1998, 23 (2): 242-266.

[106] Owen-Smith J, Powell W W. Knowledge Networks as Channels and Conduits: The Effects of Spillovers in the Boston Biotechnology Community [J]. Organization Science, 2004, 15 (1): 5-21.

[107] Pai P, Tsai H T. Reciprocity Norms and Information-Sharing Behavior in Online Consumption Communities: An Empirical Investigation of Antecedents and Moderators [J]. Information & Management, 2016, 53 (1): 38-52.

[108] Pajo S, Vandevenne D, Duflou J R. Automated Feature Extraction from Social Media for Systematic Lead User Identification [J]. Technology Analysis & Strategic Management, 2017, 29 (6): 642-654.

[109] Paulini M, Maher M L, Murty P. Motivating Participation in Online Innovation Communities [J]. International Journal of Web Based Communities, 2014, 10 (1): 94-114.

[110] Pénin J, Burger-Helmchen T. Crowdsourcing of Inventive Activities: Definition and Limits [J]. International Journal of Innovation & Sustainable Development, 2011, 5 (2/3): 246-263.

[111] Perugini M, et al. The Personal Norm of Reciprocity [J]. European Journal of Personality, 2003, 17 (4): 251-283.

[112] Poetz M K, Schreier M. The Value of Crowdsourcing: Can Users Really

Compete with Professionals in Generating New Product Ideas? [J]. Journal of Product Innovation Management, 2012, 29 (2): 245-256.

[113] Pollack J M, et al. Exploring Entrepreneurs' Social Network Ties: Quantity Versus Quality [J]. Journal of Business Venturing Insights, 2016 (6): 28-35.

[114] Powell W W. Interorganizational Collaboration and the Locus of Innovation: Networks of Learning in Biotechnology [J]. Administrative Science Quarterly, 1996, 41 (1): 116-145.

[115] Putnam R D. Bowling alone: The Collapse and Revival of American Community [M]. New York: Simon & Schuster, 2000.

[116] Putnam R D. The Prosperous Community: Social Capital and Public Life [J]. The American Prospect, 1993 (13): 35-42.

[117] Ritter T. The Networking Company : Antecedents for Coping with Relationships and Networks Effectively [J]. Industrial Marketing Management, 1999, 28 (5): 467-479.

[118] Saxton G, Onook Oh, Kishore R. Rules of Crowdsourcing: Models, Issues, and Systems of Control [J]. Journal of Information Systems Management, 2013, 30 (1): 2-20.

[119] Schemmann B, et al. Crowdsourcing Ideas: Involving Ordinary Users in the Ideation Phase of New Product Development [J]. Research Policy, 2016, 45 (6): 1145-1154.

[120] Schröder A, Hölzle K. Virtual Communities for Innovation: Influence Factors and Impact on Company Innovation [J]. Creativity & Innovation Management, 2010, 19 (3): 257-268.

[121] Seinen I, Schram A. Social Status and Group Norms: Indirect Reciprocity in a Repeated Helping Experiment [J]. European Economic Review, 2006, 50 (3): 581-602.

[122] Sequeira J, Mueller S L, Mcgee J E. The Influence of Social Ties and Self-Efficacy in Forming Enterpreneurial Intentions and Motivation Nascent Behavior

[J]. Journal of Developmental Entrepreneurship, 2008, 12 (3): 275-293.

[123] Shalley C E, Perry-Smith J E. Effects of Social-Psychological Factors on Creative Performance: The Role of Informational and Controlling Expected Evaluation and Modeling Experience [J]. Organizational Behavior and Human Decision Processes, 2001, 84 (1): 1-22.

[124] Shalley C E. Effects of Coaction, Expected Evaluation, and Goal Setting on Creativity and PXroductivity [J]. Academy of Management Journal, 1995, 38 (2): 483-503.

[125] Shirado H, Fu F, Fowler J H, et al. Quality Versus Quantity of Social Ties in Experimental Cooperative Networks [J]. Nature Communications, 2013, 4 (7): 2814.

[126] Shu R, Ren S, Zheng Y. Building Networks into Discovery: The Link between Entrepreneur Network Capability and Entrepreneurial Opportunity Discovery [J]. Journal of Business Research, 2018 (85): 197-208.

[127] Sims C A. Rational Inattention: Beyond the Linear-Quadratic Case [J]. American Economic Review, 2006, 96 (2): 158-163.

[128] Stephen A T, Zubcsek P P, Goldenberg J. Lower Connectivity Is Better: The Effects of Network Structure on Redundancy of Ideas and Customer Innovativeness in Interdependent Ideation Tasks [J]. Journal of Marketing Research, 2016, 53 (2): 263-279.

[129] Stuart T E. Interorganizational Alliances and the Performance of Firms: A Study of Growth and Innovation Rates in a High-Technology Industry [J]. Strategic Management Journal, 2015, 21 (8): 791-811.

[130] Sutanto J, Jiang Q. Knowledge Seekers and Contributors Reactions to Recommendation Mechanisms in Knowledge Management Systems [J]. Information & Management, 2013, 50 (5): 258-263.

[131] Terwiesch C, Xu Y. Innovation Contests, Open Innovation, and Multiagent Problem Solving [J]. Management Science, 2008, 54 (9): 1529-1543.

[132] Toral S L, Martínez-Torres M R, Barrero F. Analysis of Virtual Communities Supporting OSS Projects Using Social Network Analysis [J]. Information & Software Technology, 2010, 52 (3): 296-303.

[133] Trivers R L. The Evolution of Reciprocal Altruism [J]. Quarterly Review of Biology, 1971, 46 (1): 35-57.

[134] Tsai W, Ghoshal S. Social Capital and Value Creation: The Role of Intrafirm Networks [J]. Academy of Management Journal, 1998, 41 (4): 464-476.

[135] Urban G L, von Hippel E. Lead User Analyses for the Development of New Industrial Products [J]. Management Science, 1988, 34 (5): 569-582.

[136] Uzzi B. Social Structure and Competition in Interfirm Networks: The Paradox of Embeddedness [J]. Administrative Science Quarterly, 1997, 42 (1): 35-67.

[137] Valle S, Avella L. Cross-Functionality and Leadership of the New Product Development Teams [J]. European Journal of Innovation Management, 2003, 6 (1): 32-47.

[138] Wasko M L, Faraj S. Why Should I Share? Examining Social Capital and Knowledge Contribution in Electronic Networks of Practice [J]. MIS Quarterly, 2005, 29 (1): 35-57.

[139] Wasserman S, Faust K. Social Network Analysis: Methods and Applications [M]. Cambridge: Cambridge University Press, 1994.

[140] Wellman B, Carrington P, Hall A. Networks as Personal Communities [M]. Cambridge: Cambridge University Press, 1988.

[141] West J, Lakhani K R. Getting Clear about Communities in Open Innovation [J]. Industry & Innovation, 2008, 15 (2): 223-231.

[142] West J, et al. Open Innovation: The Next Decade [J]. Research Policy, 2014, 43 (5): 805-811.

[143] West M A, Anderson N R. Innovation in Top Management Teams [J]. Journal of Applied Psychology, 1996, 81 (6): 680-693.

[144] Williams D. On and off the Net: Scales for Social Capital in an Online Era

[J]. Journal of Computer-Mediated Communication, 2006, 11 (2): 593-628.

[145] West J, O'Mahony S. The Role of Participation Architecture in Growing Sponsored Open Source Communities [J]. Industry & Innovation, 2008, 15 (2): 145-168.

[146] Wong T C, Chan H K, Lacka E. An Ann-Based Approach of Interpreting User-Generated Comments from Social Media [J]. Applied Soft Computing, 2017 (52): 1169-1180.

[147] Wu J B, et al. The Norm of Reciprocity: Scale Development and Validation in the Chinese Context [J]. Management & Organization Review, 2006, 2 (3): 377-402.

[148] Yang X, Li G. Factors Influencing the Popularity of Customer-Generated Content in a Company-Hosted Online Co-Creation Community: A Social Capital Perspective [J]. Computers in Human Behavior, 2016 (64): 760-768.

[149] Yeh K, Luo J D. Are Virtual Social Relationships Independent from Reality? [J]. Journal of Cyber Culture and Informaiton Society, 2001, 1 (1): 33-55.

[150] Yoeli E, et al. Powering up with Indirect Reciprocity in a Large-Scale Field Experiment [J]. Proceedings of the National Academy of Sciences, 2013, 110 (2): 10424-10429.

[151] Zaheer A, Bell G G. Benefiting from Network Position: Firm Capabilities, Structural Holes, and Performance [J]. Strategic Management Journal, 2005, 26 (9): 809-825.

[152] Zheng H, et al. The Role of Multidimensional Social Capital in Crowdfunding: A Comparative Study in China and us [J]. Information & Management, 2014, 51 (4): 488-496.

[153] Zhou J, et al. Social Networks, Personal Values, and Creativity: Evidence for Curvilinear and Interaction Effects [J]. Journal of Applied Psychology, 2009, 94 (6): 1544-1552.

[154] Zhou Z, et al. Transforming Visitors into Members in Online Brand Com-

munities：Evidence from China ［J］. Journal of Business Research，2013，66（12）：2438-2443.

［155］彼得·M. 布劳. 社会生活中的交换与权力（第2版）［M］. 李国武，译. 北京：商务印书馆，2012.

［156］蔡绍洪，俞立平. 创新数量、创新质量与企业效益——来自高技术产业的实证［J］. 中国软科学，2017（5）：30-37.

［157］陈佳丽，吕玉霞，戚桂杰，等. 社会网络联系与用户创新研究——对乐高开放式创新平台的分析［J］. 科技进步与对策，2019（4）：98-105.

［158］陈劲. 创新管理及未来展望［J］. 技术经济，2013（6）：1-9.

［159］陈劲，陈钰芬. 开放创新体系与企业技术创新资源配置［J］. 科研管理，2006（3）：1-8.

［160］陈劲，梁靓，吴航. 开放式创新背景下产业集聚与创新绩效关系研究——以中国高技术产业为例［J］. 科学学研究，2013（4）：623-629.

［161］陈强. 高级计量经济学及 Stata 应用［M］. 北京：高等教育出版社，2010.

［162］陈钰芬. 开放式创新：提升中国企业自主创新能力［J］. 科学学与科学技术管理，2009（4）：81-86.

［163］程聪，谢洪明，陈盈，等. 网络关系、内外部社会资本与技术创新关系研究［J］. 科研管理，2013（11）：1-8.

［164］程巧莲，尹立国，孙永川，等. 企业主导的创新社区构建：开放式创新的视角［J］. 科研管理，2017（S1）：487-493.

［165］崔维军，王文婧，傅宇，等. 开放式创新与中国制造业企业创新绩效：基于世界银行企业调查数据的实证分析［J］. 科技管理研究，2017（11）：1-7.

［166］高林，贺京同，那艺. 创新数量、质量及其激励的异质影响［J］. 北京理工大学学报（社会科学版），2014（4）：92-98.

［167］顾美玲，毕新华. 移动环境下开放式创新社区知识协同的影响因素识别与分析——基于知识生态视角［J］. 图书情报工作，2017（13）：99-107.

［168］顾琴轩，王莉红．人力资本与社会资本对创新行为的影响——基于科研人员个体的实证研究［J］．科学学研究，2009（10）：1564-1570.

［169］郭梁，郑雪葳，李建勋，等．基于动态平衡计分卡的开放式创新社区管理［J］．技术与创新管理，2016（5）：477-481.

［170］郭顺利，张向先，李中梅．面向用户信息需求的移动O2O在线评论有用性排序模型研究——以美团为例［J］．图书情报工作，2015（23）：85-93.

［171］郭伟，王洋洋，梁若愚，等．开放式创新社区中用户交互反馈对个体创新贡献度的影响［J］．科技进步与对策，2018（3）：146-152.

［172］胡琴芳．基于连带责任的供应商集群内机会主义行为治理研究：萨林斯的互惠理论视角［D］．武汉：武汉大学博士学位论文，2015.

［173］黄秋雯．个体人力资本与社会资本对创新行为影响的实证研究［J］．哈尔滨商业大学学报（社会科学版），2009（6）：49-51.

［174］黄少安，韦倩．合作行为与合作经济学：一个理论分析框架［J］．经济理论与经济管理，2011（2）：5-16.

［175］杰弗里·M.伍德里奇．计量经济学导论（第4版）［M］．费剑平，林相森，译．北京：中国人民大学出版社，2010.

［176］解学梅．中小企业协同创新网络与创新绩效的实证研究［J］．管理科学学报，2010（8）：51-64.

［177］李立峰．基于社会网络理论的顾客创新社区研究——成员角色、网络结构和网络演化［D］．北京：北京交通大学博士学位论文，2017.

［178］李晓义，李建标．互惠、信任与治理效率——基于比较制度实验的研究［J］．南开经济研究，2009（1）：101-121.

［179］李奕莹，戚桂杰．企业开放式创新社区中用户生成内容的创新贡献［J］．中国科技论坛，2017（4）：95-102.

［180］林聚任．社会网络分析：理论、方法与应用［M］．北京：北京师范大学出版社，2009.

［181］林南．社会资本：关于社会结构与行动的理论［M］．张磊，译．上海：上海人民出版社，2005.

[182] 刘波，马永斌．网络环境中用户努力与创新观点质量——在线互动和评论版块异质性的调节作用 [J].消费经济，2016（5）：73-81.

[183] 刘德文．创新社区的协调机制研究 [D].成都：电子科技大学博士学位论文，2011.

[184] 刘国芳，辛自强．间接互惠中的声誉机制：印象、名声、标签及其传递 [J].心理科学进展，2011（2）：233-242.

[185] 刘军．法村社会支持网络 [M].北京：中国社会科学出版社，2006.

[186] 刘善仕，孙博，葛淳棉，等．人力资本社会网络与企业创新——基于在线简历数据的实证研究 [J].管理世界，2017（7）：88-98.

[187] 刘雨农，刘敏榕．虚拟知识社区的社会网络结构及影响因素——以知乎网为例 [J].图书情报工作，2018（4）：89-96.

[188] 刘志迎，陈青祥，徐毅．众创的概念模型及其理论解析 [J].科学学与科学技术管理，2015（2）：52-61.

[189] 罗家德．社会网分析讲义（第二版）[M].北京：社会科学文献出版社，2010.

[190] 马歇尔·萨林斯．石器时代经济学 [M].张经纬，郑少雄，张帆，译．北京：生活·读书·新知三联书店，2009.

[191] 毛基业，陈诚．案例研究的理论构建：艾森哈特的新洞见——第十届"中国企业管理案例与质性研究论坛（2016）"会议综述 [J].管理世界，2017（2）：135-141.

[192] 钱锡红，杨永福，徐万里．企业网络位置、吸收能力与创新绩效——一个交互效应模型 [J].管理世界，2010（5）：118-129.

[193] 秦敏，梁溯．在线产品创新社区用户识别机制与用户贡献行为研究：基于亲社会行为理论视角 [J].南开管理评论，2017（3）：28-39.

[194] 秦敏，乔晗，陈良煌．基于 CAS 理论的企业开放式创新社区在线用户贡献行为研究：以国内知名企业社区为例 [J].管理评论，2015（1）：126-137.

[195] 师伟．基于 DK 动机公平模型的互惠效应研究 [D].重庆：重庆大学

博士学位论文，2012.

　　［196］孙耀吾，旷冶．软件平台开放度对主导企业绩效影响研究——基于平台吸引力的调节作用［J］.科学学与科学技术管理，2016（5）：44-54.

　　［197］王军．克里斯托夫·西姆斯理性疏忽理论评介［J］.经济学动态，2011（12）：104-109.

　　［198］王莉，金曼慧．开放式创新社区中激励机制对消费者创新行为的影响研究［J］.科学学与科学技术管理，2018（6）：58-71.

　　［199］王莉，任浩．虚拟创新社区中消费者互动和群体创造力——知识共享的中介作用研究［J］.科学学研究，2013（5）：702-710.

　　［200］王玮，江勇威．契合 vs 依赖：感知利益对社会化问答社区用户持续使用的影响研究［J］.暨南学报（哲学社会科学版），2018（10）：96-114.

　　［201］夏恩君，邓倩，张明．开放式创新社区网络的模糊综合评价［J］.技术经济，2014（10）：8-14.

　　［202］徐蕾，魏江，石俊娜．双重社会资本、组织学习与突破式创新关系研究［J］.科研管理，2013（5）：39-47.

　　［203］许冠南．关系嵌入性对技术创新绩效的影响研究——基于探索型学习的中介机制［D］.杭州：浙江大学博士学位论文，2008.

　　［204］杨幽红．创新质量理论框架：概念、内涵和特点［J］.科研管理，2013（S1）：320-325.

　　［205］姚小涛，席西民．基于个人社会关系资源的微观与宏观的连接：一个理论模型［J］.现代管理科学，2008（5）：17-19.

　　［206］殷国鹏，刘雯雯，祝珊．网络社区在线评论有用性影响模型研究——基于信息采纳与社会网络视角［J］.图书情报工作，2012（16）：140-147.

　　［207］余杨，包海波，王培．太阳能技术 R&D 战略研究：战略布局与创新成效［J］.科技管理研究，2015（11）：33-38.

　　［208］俞荣建，胡峰，陈力田，等．知识多样性、知识网络结构与新兴技术创新绩效——基于发明专利数据的 NBD 模型检验［J］.商业经济与管理，2018（10）：38-46.

［209］原欣伟，杨少华，王超超，等．基于用户特征抽取和随机森林分类的用户创新社区领先用户识别研究［J］．数据分析与知识发现，2017（11）：62-74.

［210］张古鹏，陈向东．基于专利的中外新兴产业创新质量差异研究［J］．科学学研究，2011（12）：1813-1820.

［211］张古鹏，陈向东，杜华东．中国区域创新质量不平等研究［J］．科学学研究，2011（11）：1709-1719.

［212］张克群，魏晓辉，郝娟，等．基于社会网络分析方法的专利价值影响因素研究［J］．科学学与科学技术管理，2016（5）：67-74.

［213］赵晓煜，孙福权．网络创新社区中顾客参与创新行为的影响因素［J］．技术经济，2013（11）：14-20.

［214］赵炎，王冰．战略联盟网络的结构属性、资源属性与企业知识创造——基于中国生物医药产业的实证研究［J］．软科学，2014（7）：59-64.

［215］赵炎，王燕妮．越强越狭隘？企业间联盟创新网络的证据——基于资源特征与结构特征的视角［J］．科学学与科学技术管理，2017（5）：117-127.

［216］周蕊，陈佳丽．第三方开放式创新平台创新力与信任问题研究［M］．北京：经济管理出版社，2018.

［217］周宇豪．作为社会资本的网络媒介研究［D］：武汉：武汉大学博士学位论文，2014.

［218］朱海燕，魏江．集群网络结构演化分析——基于知识密集型服务机构嵌入的视角［J］．中国工业经济，2009（10）：58-66.

［219］邹文簏，田青，刘佳．"投桃报李"——互惠理论的组织行为学研究述评［J］．心理科学进展，2012（11）：1879-1888.

# 附　录

## 附录 1　Python 程序代码——通过文本挖掘构建交互数据集

```
#! /usr/bin/env Python3
#- * -coding:utf-8- * -
"""
Created on Tue Mar 27 17:19:17 2018
@ author:jialichen
```

步骤:

(1)读入 csv。

(2)判断 sentence 列是哪种类型,赋值。

A is now following B.

　　activity 赋值为 follow,author 赋值为 A,obuser/obproject 赋值为 B。判断 gtype 的类型。user challenge project,这个判断已经完成。

A stopped following B.

　　activity 赋值为 unfollow,author 赋值为 A,obuser/obproject 赋值为 B。后续

再判断 gtype 的类型。查找"A is now following B."，看其 fowtype 的类型。

A made a comment on B.

    activity 赋值为 comment，author 赋值为 A，obproject 赋值为 B。判断 comment 类型，赋值给 gtype。project blog challenge.

A made a reply to B?? s comment.

    activity 赋值为 reply，author 赋值为 A，obuser 赋值为 B。

A supported B.

    activity 赋值为 support，author 赋值为 A，obproject 赋值为 B。判断 support 类型，赋值给 gtype。project challenge.

A submitted an entry：C.

    activity 赋值为 submit，author 赋值为 A，projectname 赋值为 C

A?? s project C has been approved.

    activity 赋值为 approved，author 赋值为 A，projectname 赋值为 C。

C has a new update：D.

    activity 赋值为 update。projectname 赋值为 C。updatename 赋值为 D。往后找 200 条，sentence 包含"submitted an entry：C."给 author 赋值。

A earned the E badge.

    activity 赋值为 badge，author 赋值为 A，badgename 赋值为 E。

(3)url 处理。

判断有无 blog_post，"https：//ideas. lego. com/stream/blog_post/link/…" 改为"https：//ideas. lego. com/blogs/…"

project 和 challenge 类型，借用之前的语句。

(4)将 time 列分为 data 和 time 两列。

"""

import pandas as pd

from datetime import datetime


fullcsv = pd. read_csv('all_activities. csv')

```
print(len(fullcsv))

fullcsv. drop_duplicates(inplace=True)

fullcsv. to_csv('process/processpre. csv')


fullcsv=pd. read_csv('/ process/processpre. csv')

print(len(fullcsv))

i=len(fullcsv. sentence)

print(fullcsv. sentence[0])    #第一条记录

print(fullcsv. sentence[i-1]) #最后一条记录

listful=[ ]

for j in range(0,i):

    activity="

    author="

    obuser="

    obproject="

    gtype="

    projectname="

    badgename="

    note="

    url="

    datime="

    unfollowed="

    #处理 time

    datime=str(fullcsv. time[J]. replace('T',"))

    datime=str(datime. strip('Z'))

    # datime=date

    #处理 url

    url=fullcsv. url[j]
```

```
url = str( url)

url = url. replace('/stream',")

url = url. replace('/link',")

url = url. replace('project','projects')

url = url. replace('blog_post','blogs')

#处理 sentence

sent = fullcsv. sentence[ j]

#A is now following B.

if "is now following" in sent：

    activity = " follow"

    sentsplit = sent. split('is now following')

    author = sentsplit[ 0]

    followed = sentsplit[ 1]. strip('.')

    if "blog_post" in str(fullcsv. url[ j]) :

        gtype = " blog"

    else：

        gtype = fullcsv. fowtype[ j]

    if gtype = = " user" :

        obuser = followed

    else：

        obproject = followed

    #print( author)

    #print( followed)

#A stopped following B.

elif "stopped following" in sent：

    activity = " unfollow"

    sentsplit = sent. split('stopped following')

    author = sentsplit[ 0]
```

```
        unfollowed = sentsplit[1]. strip('.')

        note = " Need find unfollowed type. "
#C has a new update:D.
elif "update" in sent:

        activity = " update"

        sentsplit = sent. split('has a new update:')

        projectname = sentsplit[0]

        updatename = sentsplit[1]. strip('.')

        note ='Need find update author.'
#A? (?)s project C has been approved.
elif "approved" in sent:

        activity = " approved"

        sentsplit = sent. split('? s project ')

        author = sentsplit[0]. strip('? ')

        projectname = sentsplit[1]. replace('has been approved.',")
#A made a comment on B.
elif "made a comment on" in sent:

        activity = " comment"

        sentsplit = sent. split('made a comment on ')

        author = sentsplit[0]

        obproject = sentsplit[1]. strip('.')

        if "project" in fullcsv. url[j]:

            gtype = " project"

        elif "challenge" in fullcsv. url[j]:

            gtype = " challenge"

        elif "blog_post" in fullcsv. url[j]:

            gtype = " blog"
#A made a reply to B? (?)s comment.
```

```
    elif "made a reply" in sent:
        activity = "reply"
        sentsplit = sent. split('made a reply to')
        author = sentsplit[0]
        obuser = sentsplit[1]. replace('? s comment.',")
        obuser = obuser. strip('? ')
        gtype = "user"
#A supported B.
    elif "supported" in sent:
        if "update" not in sent:
            activity = "support"
            sentsplit = sent. split('supported ')
            author = sentsplit[0]
            obproject = sentsplit[1]. strip('.')
            gtype = "project"
#A submitted an entry:C.
    elif "submitted an entry" in sent:
        activity = "submit"
        sentsplit = sent. split('submitted an entry:')
        #print(sentsplit)
        author = sentsplit[0]
        projectname = sentsplit[1]. strip('.')
#A earned the E badge.
    elif "earned" and "badge" in sent:
        activity = "badge"
        sentsplit = sent. split('earned the ')
        author = sentsplit[0]
        badgename = sentsplit[1]. replace('badge.',")
```

```
        else:
            note="Not recognized:"+sent
            print(note)
    listful. append ([sent, datime, author, activity, obuser, obproject, gtype, project-
name, badgename, url, note, unfollowed])
    df = pd. DataFrame(listful,
    columns=['sentence','datetime','author','activity','obuser','obproject','gtype
','projectname','badgename','url','note','unfollowed'])
    df. to_csv('/process/process. csv')
```

# 附录 2　Python 程序代码——构建三类用户关系网络

```python
#! /usr/bin/env Python3
#- * -coding:utf-8- * -
""" 
Created on Tue Apr 10 09:35:11 2018
@ author:jialichen
"""
import networkx as net
import matplotlib. pyplot as plot
import pandas as pd
import numpy as np
from networkx. algorithms import approximation


fullframe = pd. read_csv("process/process-interact-new2017. csv")
len(fullframe['author']. unique()) #1986
fullframe['activity']. unique() #['follow','reply','unfollow','support','comment']


#添加 user 列,被动者
fullframe['user'] = fullframe['obuser']
fullframe['user'][pd. isnull(fullframe['user'])] = fullframe['obproject_author']
len(fullframe['user'])
fullframe = fullframe[fullframe["activity"]! ='unfollow']


supportframe = fullframe[fullframe['activity'] = ='support']
```

```
followframe = fullframe[ fullframe['activity'] = ='follow']
commentframe = fullframe[ ( fullframe['activity'] = =" comment") | ( fullframe
['activity'] = ="reply") ]
len( commentframe) + len ( followframe) + len ( supportframe) + len ( fullframe[ full-
frame['activity'] = ='unfollow'] )
supportframe. to_csv(" csv/supportframe. csv")
followframe. to_csv(" csv/followframe. csv")
commentframe. to_csv(" csv/commentframe. csv")


supportframe = pd. read_csv(" csv/supportframe. csv")
followframe = pd. read_csv(" csv/followframe. csv")
commentframe = pd. read_csv(" csv/commentframe. csv")


user2043 = pd. read_csv(" process/author_attr_2043. csv")
user2043. loc[ user2043['author'] = ="? -Yama"] ="-Yama"


Gsup = net. MultiDiGraph( )
listsup = [ ]
j = 1
for i in range( 0 ,len( supportframe) ) :
        length = len( user2043[ user2043['author'] = = supportframe['user'][i] ] )
        if length = = 1 :
                Gsup. add_edge( supportframe['author'][i] ,supportframe['user'][i] )
                print( i,j)
                listsup. append( [ j,supportframe['author'][i] ,supportframe['user'][i] ] )
                j = j+1
df = pd. DataFrame( listsup,columns = ['no','author','obuser'] )
df. to_csv('csv/support2043. csv')
```

```
Gnodes = Gsup. nodes( )
for author in user2043['author']:
    if author not in Gnodes:
        Gsup. add_node(author)
net. write_pajek(Gsup,'net/support. net')


Gfol = net. MultiDiGraph( )
listfol = [ ]
j = 1
for i in range(0,len(followframe)):
    length = len(user2043[user2043['author'] = = followframe['user'][i]])
    if length = = 1:
        Gfol. add_edge(followframe['author'][i],followframe['user'][i])
        print(i,j)
        listfol. append([j,followframe['author'][i],followframe['user'][i]])
        j = j+1
df = pd. DataFrame(listfol,columns = ['no','author','obuser'])
df. to_csv('csv/follow2043. csv')
Gnodes = Gfol. nodes( )
for author in user2043['author']:
    if author not in Gnodes:
        Gfol. add_node(author)
net. write_pajek(Gfol,'net/follow. net')


Gcom = net. MultiDiGraph( )
listcom = [ ]
j = 1
for i in range(0,len(commentframe)):
```

```
        length = len( user2043[ user2043['author'] = = commentframe['user'][i]])
        if length = = 1:
            Gcom. add_edge( commentframe['author'][i] ,commentframe['user'][i])
            print( i,j)
             listfol. append ([ j, commentframe [' author '] [ i ] , commentframe [' user ']
[i]])
            j = j+1
    df = pd. DataFrame( listcom ,columns = ['no','author','obuser'])
    df. to_csv('comment2043. csv')
    Gnodes = Gcom. nodes( )
    for author in user2043['author']:
        if author not in Gnodes:
            Gcom. add_node( author)
    net. write_pajek( Gfol ,'net/comment. net')
```

# 附录 3　Python 程序代码——基于邻接矩阵的
# 三类关系网络特征分析

```
#! /usr/bin/env python3
#-*-coding:utf-8-*-
"""
Created on Mon Jul 23 11:21:30 2018
@ author:jialichen
"""
import networkx as net
import numpy as np


#生成简单有向"支持"关系网络的邻接矩阵 Msup,并计算元素 0、1 的个数
Gsup = net. read_pajek('net/simdir/support_simdir. net')
Msup = net. to_numpy_matrix(Gsup,weight ='1')
np. sum(Msup == 1)
np. sum(Msup == 0)
#将简单有向的"支持"关系网络转化为简单无向网络,边权重赋值为 1。
Gsupud = net. DiGraph. to_undirected(Gsup)
Msupud = net. to_numpy_matrix(Gsupud,weight ='1')
np. sum(Msupud == 1)
np. sum(Msupud == 0)


#生成简单有向"追随"关系网络的邻接矩阵 Mfol,并计算元素 0、1 的个数
Gfol = net. read_pajek('net/simdir/follow_simdir. net')
```

```
Mfol = net. to_numpy_matrix( Gfol , weight ='1' )

np. sum( Mfol == 1 )

np. sum( Mfol == 0 )
```

#将简单有向的"追随"关系网络转化为简单无向网络,边权重赋值为1。

```
Gfolud = net. DiGraph. to_undirected( Gfol )

Mfolud = net. to_numpy_matrix( Gfolud , weight ='1' )

np. sum( Mfolud == 1 )

np. sum( Mfolud == 0 )
```


#生成简单有向"评论"关系网络的邻接矩阵 Mcom,并计算元素 0、1 的个数

```
Gcom = net. read_pajek ('net/simdir/comment_simdir. net' )

Mcom = net. to_numpy_matrix( Gcom , weight ='1' )

np. sum( Mcom == 1 )

np. sum( Mcom == 0 )
```

#将简单有向的"追随"关系网络转化为简单无向网络,边权重赋值为1。

```
Gcomud = net. DiGraph. to_undirected( Gcom )

Mcomud = net. to_numpy_matrix( Gcomud , weight ='1' )

np. sum( Mcomud == 1 )

np. sum( Mcomud == 0 )
```


#三类简单有向网络邻接矩阵两两相加得到新的邻接矩阵

```
Msupfol = Msup+Mfol

np. sum( Msupfol == 2 )

np. sum( Msupfol == 1 )

np. sum( Msupfol == 0 )
```


```
Msupcom = Msup+Mcom

np. sum( Msupcom == 2 )
```

np. sum( Msupcom == 1)

np. sum( Msupcom == 0)


Mfolcom = Mfol+Mcom

np. sum( Mfolcom == 2)

np. sum( Mfolcom == 1)

np. sum( Mfolcom == 0)


#将三类简单有向网络中某网络邻接矩阵进行转置后与另一网络邻接矩阵相加

Msupfol_trans = np. transpose( Msup) +Mfol

np. sum( Msupfol_trans == 2)

np. sum( Msupfol_trans == 1)

np. sum( Msupfol_trans == 0)


Msupcom_trans = np. transpose( Msup) +Mcom

np. sum( Msupcom_trans == 2)

np. sum( Msupcom_trans == 1)

np. sum( Msupcom_trans == 0)


Mfolcom_trans = np. transpose( Mfol) +Mcom

np. sum( Mfolcom_trans == 2)

np. sum( Mfolcom_trans == 1)

np. sum( Mfolcom_trans == 0)


#将三类简单有向网络的邻接矩阵相加得到总邻接矩阵 MF

MF = Msup+Mfol+Mcom

np. sum( MF == 3)

np. sum( MF  = =  2)

np. sum( MF  = =  1)

np. sum( MF  = =  0)

#根据邻接矩阵 MF 生成总网络 D,并保存。

D  =  net. to_networkx_graph( MF,create_using = net. DiGraph( ) )

net. write_pajek( D,'net/simdir/full. net')

# 附录 4  Python 程序代码——识别优质社会关系数

```
#! /usr/bin/env Python3
#- * -coding:utf-8- * -
"""

Created on Fri Apr 27 22:40:46 2018
@ author:jialichen
步骤:
(1)读入只包含互惠边的简单无向图。
(2)以不同标准界定"创新精英"(elite10k、elite5k、elite1k)。
(3)识别每个节点的邻居节点中所包含的"创新精英"节点及数目,与"创新精英"建立的社会关系即为优质社会关系。
(4)保存。
"""

import networkx as net
import pandas as pd
from networkx. algorithms import approximation


G = net. read_pajek('follow2017undirect. net')
len(G)
G. nodes()
G. edges()
author_attr = pd. read_csv('author_attr_2043. csv')
elite10k = author_attr[ author_attr['club_10k']>0]['author']
elite5k = author_attr[ author_attr['club_5k']>0]['author']
```

```
elite1k = author_attr[ author_attr['club_1k']>0]['author']
nodelist = [ ]
for Gnode in G. nodes():
    nodeset = G. neighbors(Gnode)
    inter_10k = list(set(nodeset). intersection(set(elite10k)))
    elite10k_no = len(inter_10k)
    inter_5k = list(set(nodeset). intersection(set(elite5k)))
    elite5k_no = len(inter_5k)
    inter_1k = list(set(nodeset). intersection(set(elite1k)))
    elite1k_no = len(inter_1k)
    nodelist. append([Gnode,, elite10k_no, elite5k_no, elite1k_no, inter_10k, inter_5k, inter_1k])
    df = pd. DataFrame(nodelist, columns = ['author','elite10k_no','elite5k_no','elite1k_no','elite_10k','elite_5k','elite_1k'])
    df. to_csv('networkx/elites. csv')
```

## 附录 5　利用 Pajek 计算结构洞网络约束的操作步骤

Pajek 版本: Pajek 5.05

① "Network->Read Network", 打开"追随"关系网络。

② "Network->Creat Vector->Structural Holes", 计算结构洞网络约束。

③ "Tools->Excel->Send to Excel->All Vectors", 将结构洞网络约束的值输出到 Excel 中。

# 附录6　利用 Pajek 计算 reciprocity 和 recitimes 的方法和操作步骤

（1）方法。

1）利用 Pajek 打开"追随"关系网络（简单有向网络），删掉所有单向边，仅保留双向边，并将双向边转化为一条无向边，无向边的权重可赋值为原双向边权重值之和（sum），或原双向边权重的最小值（min），生成一个新的简单无向网络 $N_{un}$；

2）利用 Pajek 计算 $N_{un}$ 的节点中心度，即 reciprocity，计算节点加权中心度即 recitimes。

（2）操作步骤。

Pajek 版本：Pajek 5.05

1）"Network->Read Network"，打开"追随"关系网络（简单有向网络）。

2）"Network->Creat New Network->Transform->'Arcs->Edges'->Bidirected only->Sum Values/Min Value"。

Pajek 中将有向边称为 arc，无向边称为 edge。将网络中的双向边（bidirected arcs）转化为无向边（edges），将无向边的权重赋值为原双向边权重值之和（sum）或原双向边权重的最小值（min），生成一个新网络 N。

3）"Network->Creat New Network->Transform->Remove->all Arcs"，在 N 的基础上，去掉所有 arcs，生成一个简单无向网络 $N_{un}$。

4）"Network->Creat Vector->Centrality->Degree->All"，计算 $N_{un}$ 的节点中心度，所得值即为 reciprocity。

5）"Network->Creat Vector->Centrality->Weighted Degree->All"，计算 $N_{un}$ 的节点加权中心度，所得值即为 recitimes。

6）"Tools->Excel->Send to Excel->All Vectors"，将节点中心度和节点加权中心度的值输出到 Excel 中。